［日］松下幸之助 述

日本 PHP研究所 编

任世宁 译

应对力

松下幸之助谈摆脱经营危机的智慧

人民东方出版传媒
People's Oriental Publishing & Media

东方出版社
The Oriental Press

图书在版编目（CIP）数据

应对力：松下幸之助谈摆脱经营危机的智慧 /（日）松下幸之助 述；日本 PHP 研究所 编；任世宁 译 . — 北京：东方出版社，2020.10
ISBN 978-7-5207-1633-8

Ⅰ.①应… Ⅱ.①松… ②日… ③任… Ⅲ.①松下幸之助 (1894—1989) —企业管理—经验 Ⅳ.① F413.366

中国版本图书馆 CIP 数据核字（2020）第 144231 号

本书中文简体字版权由汉和国际（香港）有限公司代理
中文简体字版专有权属东方出版社
著作权合同登记号 图字：01-2020-0541号

应对力：松下幸之助谈摆脱经营危机的智慧
(YINGDUI LI: SONGXIA XINGZHIZHU TAN BAITUO JINGYING WEIJI DE ZHIHUI)

述　　者：[日] 松下幸之助
编　　者：日本 PHP 研究所
译　　者：任世宁
责任编辑：钱慧春
责任审校：金学勇
出　　版：东方出版社
发　　行：人民东方出版传媒有限公司
地　　址：北京市西城区北三环中路 6 号
邮　　编：100120
印　　刷：北京联兴盛业印刷股份有限公司
版　　次：2020 年 10 月第 1 版
印　　次：2021 年 4 月第 2 次印刷
开　　本：787 毫米 ×1092 毫米　1/32
印　　张：7.25
字　　数：97 千字
书　　号：ISBN 978-7-5207-1633-8
定　　价：68.00 元
发行电话：（010）85924663　85924644　85924641

序

三次经营危机与松下幸之助

目前，人们最期待领导具备哪种特质呢？尽管每个人所处环境与立场不同，但就一般而言，大家是不是都谋求跟随积极进取的领导呢？

松下幸之助正是这种持续奋斗、积极进取的典型代表人物之一。常人眼里看到的是那位晚年敦厚祥和、慈眉善目的老人，很少有人知道，年轻时的他在部下违背自己的经营哲学和经营理念等大是大非面前，会毫不留情地当面予以严厉痛斥，表现出令人生畏的"凶神恶煞"的一面。我们可以从社会上流传的相关逸事中，看到他完全不一样的一面。本书收录了松下幸之助在应对三次重大经营危机时发表的言论，从而呈现其领导者的风范。

遭遇三次重大经营危机的时期也是决定松下电器公司（本书简称"松下电器"，现为 Panasonic 公司。——译者注）命运的三个极端重要的节点。为拯救公司于危难中，在不同时期，松下幸之助发表过各种不同的重要讲话，我们从大量的讲话资料中精心摘选了部分内容，按照时间顺序收录于本书。同时，根据需要，我们还把社会上广为流传的有关松下幸之助的逸事，以编者语的形式，补充到相关的内容里，以便通过这一内容帮助读者加深对松下幸之助的了解与认识。这种编辑形式是本书与其他同类图书的最大不同。

最后，我们向各位读者推荐，建议你们能结合自身工作特点以及个人实际情况，带着问题阅读此书，这样收获会更大。

与工作现场一起持续奋斗的松下幸之助

松下幸之助的职业生涯是从基层开始的。年仅 9 岁就只身奔赴大阪，从最底层的学徒工开始了人生旅程。学徒生活结束后，他进入了电灯公司工作，22岁开始独立创业。他在人生旅途中，历经了千辛万苦，克服了重重困难，终于取得了事业上的辉煌。在世俗的眼里，松下幸之助功成名就，是一位值得自豪的成功者，但在松下心中，事业成功不等于实现了人生的目标。他的梦想是，通过事业的成功实现某种价值，最终把它转化为对建设美好社会的贡献。

松下幸之助一生最钟爱的是能够创造价值的生产现场。因此，即使是后来从松下电器的社长转任了会长以及最高顾问，他仍然关心和关注着企业的工作现场。松下始终坚信，脱离现场，失去一线工作的感觉就无法开发出令市场满意的新产品，无法制定出准确的产品交货期、合理的定价以及适当的产量。而这些必须符合市场的需求。此外，在那个时代，日本许多优秀企业都以倡导"三现主义"为时尚，可在松下眼里，深入贯彻和落实"一切从现场出发，针对现场实际情况，采取切实可行的现实对策"

的经营手法，早已成为自己的囊中之物，每日的必修课。

甚至可以说，在那时，松下幸之助的努力已远远超出常人一筹，作为企业领导人，他已经开始把更多的精力投放在向员工们推广和普及自己的哲学思想以及行为规范上。在他坚持不懈的努力下，公司培养了一大批能替代自己管理公司重要部门的经营人才，能独立生产和开发新产品的工程技术人才以及值得社会敬重的营销人才，同时，更打造了坚实有力的工作现场，最终为发展和壮大松下电器打下了坚实的基础。

指导工作现场的理论依据

在经济全球化不断发展的现代经营环境中，打造一个坚实有力的工作现场变得尤为重要。

当今社会更强调企业对社会的责任。随着一线生产企业与公司总部之间关系日趋疏远，逐渐地它们之间的组织形态也变得错综复杂起来。不知从什么时候起，只要组织中的个别成员在社会上做出了违法乱纪行为，就会导致整个企业受到社会的质疑。现实中，每一个组织（企业）都有可能遇到类似的情况。本来，在公司看来，只是个别员工的丑闻，纯属个人行为，但社会往往并不这样认为。

如何引导企业走上健康的发展道路，防止类似事态的发生，是摆在企业领导人面前的一项艰巨任务。

松下幸之助一边在激烈的竞争中苦苦挣扎，一边在思想上不断地上下求索，通过日积月累，终于找到了可以作为引导企业正确经营的"理论依据"，完善了一套松下独特的经营理念。晚年，他在八十三岁时出版的著作《实践经营哲学》中回顾了自己的经营轨迹，他说："我一直秉承相同的经营理念搞经营，幸运的是，我的理念得到了社会的广泛支持，才能在经营上取得今天的成就。"

可是，像松下幸之助这样，每天能坚持用经营理念对照自己的决策与行动，绝非想象中那样轻松惬意，只有那些有抱负、有坚定信念的领导人才有可能持之以恒。所以，我们希望把此书献给那些赞同松下价值观，正在面对人生挑战的领导者，希望你们能通过此书把松下幸之助长年积累的企业一线工作的指导经验之精华真正学到手。

本书如果能对你们的日常工作有所帮助，我们将不胜荣幸！

PHP 研究所

2019 年 2 月

目　录

第一章　加速成长

赋予工作现场的员工梦想与使命

第二章 突破最大的困局

破釜沉舟，抱着"第二次创业"的决心

第三章 摆脱停滞与衰退

主动代理营业本部长，重返工作现场

第一章

加速成长

赋予工作现场的员工梦想与使命

本章的内容是从松下幸之助于一九三二年五月五日至一九四一年期间在每天早、晚碰头会上面对员工发表的讲话记录中，精选的部分充满企业家精神的发言。在这些精辟的发言中，松下通过阐明"产业人的使命"以及"必须信守的七大精神"，为如何做好一名产业人（实业家），指明了人生的方针和目标。我们也可以从中了解那位浑身充满了激情、全身心投身事业的四十岁上下、年富力强的企业领导人的成长轨迹。

引　言

如果希望了解松下幸之助的领导才能是怎样形成的，就必须从认识他在二十世纪三十年代初的经营活动开始。

那时的松下幸之助三十开外不到四十岁，是一位年富力强的企业创始人，在他的带领下公司迅速发展壮大。那时，松下电器还不叫公司，名为"松下电器制作所"，在一般人的眼里还是一所家庭作坊式工厂。

二十世纪三十年代初，日本遭遇了昭和时代的经济萧条，与松下电器制作所规模同等大小的许多家中小企业都被淘汰了，但松下幸之助与员工们精诚团结，共同渡过了那场经济危机。那个年代，松下每天都下车间，工作在现场，与员工们打得火热。我们可以从当时员工的回忆中了解到这方面的一些情况。

记得有一次，松下幸之助拍着制作销售统计表的年轻会计的肩膀问道："你是做什么工作的？"年轻会计答道："是做统计表的。"松下又接着问："做这张统计表的目的是什么？"年轻会计犹豫了一下，没有答上来。于是，松下就吩咐人把给他下达任务的顶头上司财务部主任叫了过来，当面教育了财务主任，让他在向部下下达指示时，一定要明确告知这样做的目的。

另外，松下还时常阅读一些尚在实习阶段的年轻员工的每日工作报告，对于那些没能把每天的活动写清楚的人，有时他会训导他们说："工作时，你们到底都在想些什么呢？"

他就是这样经常深入现场，直接指导下级，起到了领导的表率作用。一九三二年五月五日，松下幸之助第一次公开阐明了被称为松下电器"天命"的"产业人使命"的想法，正式提出了与企业员工共同肩负起伟大理想与使命的观点。

从那时起，他先于其他公司，于一九三三年，在公司内部率先设置了事业部体制。一九三五年，把公司更名为"松下电器产业株式会社"，并进一步改革了事业部体制，把它进化成分公司体制。新体制让销售额、利润率快速增长，公司也得到迅猛发展，员工人数极速增加，事业蒸蒸日上。

　　这一时期的松下发言记录主要是靠部下的记忆和为数不多的速记完成的。从这些有限的记录资料中，我们可以清晰地看到松下幸之助的成长以及其领导才华迅速提升的轨迹。那时，公司员工们都亲切地称呼松下为"我们的大掌柜""我们的大叔"。

　　我们希望，本章内容能让读者亲身感受松下幸之助在那个时代对经营的理解和看法。

01 共同使命

肩负共同使命的人们，只有坚定团结，共同奋进，才能真正体会到人生的价值和意义。

自来水管里的水经过处理加工后才会产生价值，只有盗窃有价值的财物才会受到世人的责罚，这是普通常识。然而，当天气燥热行人感到口渴时，有人就会打开路边的水龙头痛痛快快地喝上几口，世人可以把这种不礼貌的行为当作"盗饮"予以责罚，但不会计较被喝掉了多少自来水。这是为什么呢？其道理很简单，就是因为水的价值很低。在普通人眼里，水这种东西既便宜产量又大，应该说想要多少有多少，水资源无穷无尽，用之不竭。所以，作为实业家和产业人，我们的使命就是要像滔滔不绝喷涌的泉水那样，一批又一批源源不断地生产出像自来水一样物美价廉的产品，只有这样我们才能最终征服贫困。

只有精神上的稳定与物质上的极大丰富相结合，才能让我们的人生长久地幸福美满。为此，我们要不断地扩大生产，创造出无穷无尽的物质宝藏，进而建设一个幸福美满的家园。这就是我作为实业家的真正使命，也是我们松下人必须共同肩负起的光荣使命。

我们将如何完成这种使命呢？应该按照下列方法和顺序进行。从今日起，我们将把未来的二百五十年定为使命达成期。然后，再把这二百五十年分成十节，每一节为二十五年。第一节的二十五年再细分成三期，第一期的十年为建设期；第二期的十年在持续完成建设的同时主要搞经营活动，可称为经营活动期；最后的五年（第三期），在持续建设和开展经营活动的同时，以设施为主，主要为社会做贡献，可称为贡献期。第一节的二十五年是今天在场的我们这批人搞经营的活跃期，第二节应该交给我们的下一代人，让他们按照同样的方针政策，采用相同的方式方法去重复这种工作。第三节以后，与前面完全相同，让下一代接着的下一代人接班完成使命。通过这样循环往复无穷尽的努力，我们用十节的二百五十年的时间，把我们的社会最终建设成为一个物质极大丰富和生活繁荣富裕的人间乐园。

假设，我们用二百五十年时间完成了第一阶段的使命，接下来的第二阶段的二百五十年，我们仍然要以相同的姿态，向更高的理想迈进。到那时，采取什么样的方针政策，采用什么样的方式方法，应该由那个时代的人们发扬我们留给他们的优良传统，根据那时的实际情况去制定就行。

由此可见，今天我们所肩负的使命不仅非常重大，而且意义十分深远。今天，我们应该把这种远大理想与崇高使命当成我们松下人的理想与使命，勇敢地肩负起来，大胆地去完成。既然各位有缘在松下电器工作，就应该自觉自愿地肩负起完成松下电器使命的职责。不愿意自觉承担这种责任的人，我可以遗憾地告诉你，我们之间无缘无分，应该各奔前程。我不在乎人数的多寡，即便人数少，但只要胸怀相同的使命，坚定团结，奋勇前进，我们就能共同感受到人生的价值和意义。从今天起，我将以这种心态，加强对各位的指导，更强有力地推进松下电器的经营活动。

最后，我再强调一下，我们的理想是崇高的，使命是远大的。因此，从今往后，我对各位的要求会更严格一些。但有一点我可以明确地告诉各位，我并不认同为了下一代过得更好而牺牲我们自己是最佳选择。我的理想是，在充分体会人生的幸福，完成美满人生的同时，能为下一代做一些我们该做的事，并且，这些努力理所应当得到社会的回报。

编者语

在《自来水哲学》一书中，松下明确阐述了实业家的使命，他认为，实业家的使命应该是消除贫困。因此，他认为自己的使命和理想就是为了满足民众希望脱贫致富的愿望。为此，他制定了长达二百五十年的超长发展规划。在他看来，这种"计划"并非单纯的"梦想"，而是为了能让员工们把它当成工作上的"目标"。此后，松下电器把这一年定为"知命元年"，并把五月五日定为创业纪念日。

时过境迁，当今社会变得更加扑朔迷离，让人捉摸不透。因此，我们的社会更需要各种组织与团体的领导人都能具备与松下幸之助一样的，能够熟练掌握各种社会动态从而制定发展蓝图以及让广大员工产生共鸣的奋斗目标的真实本领与实力。

02　随遇而安

好高骛远实乃庸人自扰之。

十几年前，我曾把因公干去东京的朋友送到（大阪的）梅田车站口。那时，我想如果有一天自己也能拥有这种带着公务身份去东京公干的机会，那该多美呀！今天早上，我偶然回忆起那段往事，心中感慨万分。

斗转星移，饱经风霜。当工人时，做小业主时，自己能随遇而安，每天都能认真努力地工作和生活。正因为如此，我才有幸取得了今天的成就。这正应了那句老话，"千里之行始于足下"。对此，我至今仍然无限感慨。

好高骛远实乃庸人自扰之。因此，我们应该慎重地对待迈出的每一步，脚踏实地履行好每天的职责，通过日积月累最终抵达理想的彼岸，这才是通往成功的最佳途径。

编者语

在发表这次讲话的前一年，松下发表了宏伟的二百五十年规划，但现状并没有因此而立即改变。松下幸之助是一位彻头彻尾的现实主义者。一九六七年，已年过七旬的他，在一次成人仪式上被邀请致辞，他讲了下面这番话。

胸怀大志本身没有错，但因为心中有了远大的志向，只抬头眺望远方而置脚下每天的工作与生活于不顾，这就不对了。在现实生活中，或许有相当一部分人就是这样的，他们胸怀大志但事业无成，而另一部分人虽然胸无大志，但依靠日积月累，最终获得了与胸怀大志一样的成功。

松下幸之助讲的后者也许指的就是他本人吧。成功的道路千万条，要看你自己选择哪条路，松下的心里应该早早就选定了那条最适合自己的道路。

03 忙碌的人生

人需要时常"忙碌"一些。

对我来说，这次来东京确实有点紧张忙碌。一是我在大阪门真新建的总店即将竣工，临近完工之时更不能疏忽大意，许多事情必须由我当场拍板处理；二是商品销售也进入了旺季，因此我不能在此多耽搁时间，办完事我就尽快返回大阪。这些日子里，我在精神上经常保持着这种紧张忙碌的状态，反而在短时间里圆满地处理了许多重要工作。因此，我常这么想，人的一生经常紧张忙碌一点可能更好。人在忙碌时，精神会格外紧张，在处理问题上会更迅速，更有成效。

记得那是在十二三年前，我刚创业不久的事。我第一次进军东京时，乘坐的是夜行长途大巴的三等座。忙得我在车上几乎连做梦的时间都没有。第二天早上一到东京，我就参照地图，马不停蹄地先后跑了十几家生意上的合作商店，生意谈妥后，又立马乘坐当天晚上的火车返回了大阪。这样紧张忙碌的工作，我持续了相当长的一段时间。

那时，我每天都忙忙碌碌，紧张的心情反倒让我工作很有成效。本来，这种生活方式不利于身心健康，但意外的是我一次也没因此而病倒过。我忽然觉得，"这一切都拜心情紧张所赐吧"。今后，我仍将经常保持这种紧张忙碌的心态去处理事务。

我希望，在你们的人生中，也能经常保持这种紧张忙碌的心态。

04 不当利益

以不谋求不正当利益为自豪。

商人以营利为一大目的，不赚取利润，事业就不能发展。然而，我们绝不可谋取不正当的利益。

回顾松下电器创业以来的业绩，我可以拍胸脯保证，我们为市场提供的产品，每一笔利润都赚取得合情合理，绝对没有谋取过一分钱的不当利益，一直以不谋求不正当利益为自豪。也可以说，我们坚持了正当的竞争，从来没有采取过牺牲利润获取市场的不正当竞争手段。在我们还是松下电器制作所（1929—1935）的时候，还没有生产出松下电暖炉。当时，某公司生产的电暖炉曾垄断市场，每台售价 6 日元。后来，我们生产的松下电暖炉上市了，其质量超过了那家公司生产的产品，并且价格不到它的一半，仅售 2.78 日元，可以说物美价廉，从而大获好评。时至今日，我们的产品已占据市场的七八成。而且，即便如此便宜，我们也获得了可观的利润。我认为，这就是正当的竞争。

最近，随着经济不景气，搞不正当竞争的企业层出不穷。其实，这些企业明知这种竞争不对，也不能长久持续下去，但还执意这样做。更有甚者，一家世界知名的英国企业故意采取倾销策略，妄图以其庞大的财力为基础，用残酷的竞争手段碾压世界各国的同行。它们的这种为一己私利不择手段的行径，真可谓极其险恶，应该受到世人的谴责。

编者语

如何面对"利益"的诱惑，社会上流传了许多有关松下幸之助的逸事。在利润面前，他更像一位有血有肉的凡人，一位生活在现实社会中的实在人。

创业之初，松下幸之助只能为了生存去赚取更多的利润，那时的他根本没有多余的精力去思考更多的事情。事业刚刚起步时，他甚至抱怨过税收太不合理。然而，逐渐地，他开始意识到公司不属于某个人，它也是社会公器，也应负起社会的责任。随着思想上的变化，他逐渐形成了一套营利与社会正义相协调的新经营理念。

企业领导人都应以松下为榜样，学会在日常的工作中不断地完善自己的思想。

05 亏损意识

从设备投资的那一刻开始，你就应该意识到自己已经开始亏损了。

许多人都错误地认为，投入到物资采购、工厂建造、住宅建设以及设备安装的资金是保值的。其实，从投入资金的那一刻开始，你就必须意识到你的投资已经损失了几成。根据不同的投资项目，可以说，有些投资甚至已经损失过半。一般来说，一旦物品买到手或设备安装完毕，即使想立即转手卖掉，也不可能再按原价售出。

所以，在采购物资或搞基建时，一定要提前意识到那部分亏损，在仔细斟酌后，事先做好弥补部分损失或做出部分牺牲的思想准备。应该在留有充分余地和确保万无一失的情况下，做出最终的投资决策。

06 降低消耗

没有比一笔一笔小的经费支出以及累积起来的物品消耗更让人后怕的了。

"千万不要麻痹大意！"对许多人来说，这句话太熟悉不过了，从上小学开始就耳闻目睹，烂记在心了。这句至理名言对当下蒸蒸日上、如日中天的我们公司来说，是最恰如其分的警示名言，值得我们深思。综观全世界，一个组织持续膨胀的时候就是走向崩溃的开始，这种事例不胜枚举。组织机构越庞大，人们就越容易被其华丽外表迷惑，容易产生浮躁情绪。由于对各个环节的掌控不到位，各种支出盲目增多，增加企业开支，最终导致经营失败。

目前，我们公司内部也存在这种潜在危机。说得狠一点，松下电器正处于快速发展与行将崩溃的分水岭之间。有人说："松下电器发展势头不错！"还有人说："随着快速发展，必然导致各种经费支出迅速膨胀，直接殃及松下产品的成本。今后，松下产品的价格必然会水涨船高。"

他们说得对，如果再麻痹大意，放任这种事态发展下去，我们的生产成本必然会暴涨，届时势必只能高价出售产品了，这将会加剧公司走向衰败。

通过规模化生产等真正的合理化经营的方式，同样能实现降低成本的经营目标。扩建工厂和改善设备绝不是减少成本的唯一选择。我相信，在任何经营中，起决定性作用的是人而不是物。所以，我们松下电器的发展离不开拥有崇高的思想觉悟、能吃苦耐劳、踏实肯干的广大员工的艰苦努力。我们的当务之急是在这半年之中彻底落实削减经费的各项措施。

没有比一笔一笔小的经费支出以及累积起来的物品消耗更让人后怕的了。在这里我想提醒各位，削减成本，降低消耗关系我们公司的未来。公司未来是发展还是走向衰败，关键要看你们能不能挑起削减成本这一重担。

我在这里多说一句，希望你们在今后的日常工作中，能够细心地留意每一件小事、每一件小物，千万不能再麻痹大意下去了！

07 消除顾虑

你们应该打消那种"说了也白说"的不负责任的想法，我会用实际行动消除你们的这种顾虑。

任何公司或商店想要提升经营效益，都离不开全体员工的"和"。松下电器最重要的信条之一，即"公司的巩固与发展离不开全体员工的和睦相助；全体员工应舍弃小我，以互助互让的精神，团结一致共同服务于公司"。如何才能把"人和"具体落实在经营上，这就需要全体员工都抱着"一切为了公司"的信念，把自己的意见，不论大小，都毫无保留地向上级甚至直接向我提出来。

只有倾听了更多人的意见，在综合这些意见后，领导人才能以你们的"和"为基础，产生和完善自己的指导思想。但是，对于各位提出的宝贵意见和建议，根据情况，有时并不能一一采纳或立即全部落实，但请务必相信，我早晚会让你们的好建议以各种不同的形式得以落地。你们应该打消那种"说了也白说"的不负责任的想法，我会用实际行动消除你们的这种顾虑。

　　既然这个公司是属于我们自己的经营体，就必须靠咱们大家一起来维护和发展。我希望，今后无论在任何时候只要你们有了好想法，都应该毫无保留地说给我听。

编者语

　　松下幸之助十分重视"人和"。他在由自己亲手创立和创办的松下电器、PHP研究所以及松下政经塾三个团体里，都分别强调了"人和"的重要性。

　　松下电器制定的员工必须信守的"七大精神"的第三条"团结一致精神"，明确指出："团结一致是本公司必须坚守的信条。无论多么优秀的人才聚集在一起，他们之间缺少团结一致的精神，这种组合也只能是一群毫无战斗力的乌合之众。"

　　一九四六年创立的PHP研究所的信条是，"我们要始终保持一颗谦虚的心，坚持团结一致的理念"。

　　一九七九年创立的松下政经塾，每天早上唱诵的"五条誓言"中的第五条"感谢与合作"中指出："无论多么优秀的人才聚集在一起，缺少团结一致的精神，都无法取得任何成功。如果能抱着感谢报恩的心态，他们就会培育起相互信赖的关系，就一定会取得更大的发展。"

08 接受批评

如果因为被斥责而产生反感，表现出不愉快的态度，这种人的前途令人担忧。

有人肯批评你，对你来说是莫大的幸福。我连一位年长的亲人都没有了，再也没有人肯责骂我了，这反倒让我感到很孤独。在这个世界上，如果能有更多的人愿意批评或斥责你，这是你的福分，也会让你进步更快。在这个意义上，最近我要求各部门的主要领导在对下级的指导上，都采取痛斥的方式。

如果你的斥责是善意的，你就必须耐心地坚持下去，直到帮助对方改正错误。另外，被斥责一方也要明白对方对自己是心怀善意的，他的痛骂会为自己的进步提供许多有益的养分，接受了它会促进自己的进步。

如果因为被斥责而产生反感，表现出不愉快的态度，就会失去再次被斥责的机会，同时也会影响自己的成长与进步，前途令人担忧。

因此，对正在学习修身养性的各位来说，你们要学会珍惜被痛斥的机会。你们还应该逐渐具备因被训斥而感到极大欢喜的觉悟。

编者语

与松下幸之助生活的时代相比，"训斥"下级对于今天的领导人来说，变得越来越难。但"训斥"本身并没有失去原有的功效和意义。

青年企业家时代的松下幸之助，斥责人的方式出奇的严厉。他的夫人松下梅野晚年曾为此做证，说："我丈夫上了年纪后，性格也变得圆通起来。年轻时可不是那样，如果有人没有按照他的想法和要求去做，他会很生气会毫不留情地大声责骂对方。"这里有一个后藤清一的例子。后藤也是一位响当当的大人物，后来他从松下电器转投到松下幸之助内弟井植岁男创办的三洋电机公司工作，并担任过副社长。

故事是这样的。在一个寒冷的夜晚，因工作上的失误，后藤被叫到松下幸之助的面前。屋子里放着一个烧着火的煤炉，松下幸之助气得用烧火的铁棍一边连连敲打着煤箱，一边痛骂后藤，最后连烧火棍儿都因敲击而弯曲了。松下斥责结束后，态度一变，让后藤把弯曲的烧火棍儿弄回原来的形状，并称赞后藤的手艺好。他让自己的秘书驾驶公车把后藤送回家。秘书见到后藤的夫人后对她说："今天他被骂惨了，你要看住他，千万不要让他自杀！"秘书转达了松下的留言就离去了。

这个故事告诉大家的是，松下幸之助的斥责只对事而不对人，他从不否定下属的人格与资质。

09 心领神会

上下级之间应该做到领导的眼角或嘴角微微一动，指令就像一股电波马上输送到下级心里那样。

有一种上下级之间的交流叫"心领神会"。在工作中，领导与部下之间必须有这种炉火纯青的默契。如果领导一个又一个进行单独指导，而部下一个接着一个倾听指令，那将浪费很多宝贵时间，耽误许多工作。因此，上下级之间应该做到领导的眼角或嘴角微微一动，就像有一股电波马上输送到部下心里那样，这样工作才能更灵活地展开，更顺利地进行。

当然，现实中，想要达到这种默契的程度非常难。然而我欣慰地感到，最近我与各位之间已经开始形成了这种默契。当然，我不仅希望我们之间尽早形成这种默契，我更希望我们松下电器的全体员工之间都能早日做到这种"心领神会"，从而让我们的经营效率更上一层楼。

10　乌合之众

缺乏和睦相处精神的集体，无论拥有再多的优秀人才，也只能是一群乌合之众。

最近，许多人都问过我同一个问题：松下电器能取得巨大成就的根源在哪里，经营上到底有什么成功秘诀？对此，我无法简单用几句话准确地答复他们。我想除了相关资料上说明的部分原因，我们松下电器员工必须信守的"五大精神"，应该对公司的发展起到了决定性的作用。

第一条是"产业报国精神"。它强调，保证营利与社会正义的平衡，促进国家产业的发展，改善和提高社会生活。这是我们在经营上必须遵守的纲领，是我们产业人必须信守的第一要义。公司刚成立时，并没有特意地以这种精神为基础，但回顾今天取得的成绩时，我们的所作所为确实符合这种精神。如果有些人想用今天美丽的招牌掩盖过去丑陋的行径，反倒让人感到恶心。我们绝不是这种人，我们只是把从公司创业伊始一直坚持下来的事实重新提倡而已。由此可见，它的价值更高，也更有说服力。

创业初期的第一款产品是灯用插头和两用灯插头，在市场上大受欢迎的原因是与进口产品相比，在确保利润的前提下，其低廉的价格、优秀的品质都能充分满足消费者的需求。从那以后，我们公司自始至终做到了绝不谋求不正当利润，一心追求对社会做贡献。将来，我们会进一步养成和遵守这种精神，同时，也要向外部高调宣传它的存在。

第二条是"光明正大精神"，是真正意义上的为人之道。无论有多么出众的学识与才能，缺乏这种精神的人，都难以服众。在这一点上，我们选定的路绝没有错。

在新产品上市时，很多制造商都对其生产成本秘而不宣，但我们公司一定会昭告天下，绝不做幕后交易和采用欺瞒手段。然后，在与经销商商定收取合理佣金的基础上，最终决定市场售价。通过这样一点一滴地积累，逐渐赢得了客户的认可，才取得了今天的成就。

第三条是"团结一致精神"。现在，大到国际社会，小到两三人的小团体，都吵着要建立这种和谐关系，但现实中成功的范例并不多。就算是那些由知识分子阶层组成的大小团体，它们表面上风光无限，实际也很难做到团结一致，反而是那些学历不高的普通人，他们之间的交往更能呈现出和谐的样子。这正是因为知识分子过分地相信自己，他们更容易固执己见，反之，与他们相反的那群人却能以洒脱的心态看透一切，更容易与人交心，更愿意忍让和妥协。

外界都高度评价我们公司与各协作店之间的关系处得十分融洽，但我认为还远远没有达到亲密无间的地步。如果希望建立真正的和睦相处的关系，就应该做到信条上所要求的那样，必须先做到放弃"自我"。

如果你说让一个人放弃自我，也许对方就会反驳你是在无视他的人格，这种说法不正确。我们绝不是让一个人像木偶那样默默接受，而是只要你认为是正确的，你就要堂堂正正地坚持自己的观点。但我们希望你能做到的是，以坦然大度的心态接受仲裁者的最后裁决。只有这样，我们才能真正做到弃小我而顾大局，最终达到实现自我的最佳途径。

我衷心地希望，各位能通过自我修养达到"舍小我"的境界，修成"和睦相处"的正果。缺乏这种精神的集体，就算拥有再多的优秀人才，也是一群乌合之众，形成不了任何的战斗力。

编者语

正如松下幸之助阐明的那样，为加强对工作一线的员工的思想教育，他发表了松下人必须信守的"五大精神"。在这次谈话发表的第二天，他还着重强调了信守第四条精神，即"奋发向上精神"的必要性。对于飞速发展中的松下电器来说，更需要旺盛的持续奋斗的斗志，只有持续奋斗才是创造一切、捍卫和平的唯一的手段。缺乏这种精神的人无论多么优秀，也不过是一个没有灵魂的木偶而已。又过了两天，他又谈道："在生物中，礼仪是人类独有的。"他提倡"以礼相待精神"，后又改称"礼貌谦让精神"，与之前倡导的"四大精神"合并成为"五大精神"。四年后，他又增加了"改革发展精神"以及"服务奉献精神"，合并组成了今天的"七大精神"，将其作为松下电器最重要的企业理念，一直延续至今。

在松下电器的下属公司中，有一家企业叫松下电工公司，其经营由松下幸之助最得力和信任的助手之一丹羽正治负责。丹羽在对员工的训示中提到："我记得他（松下幸之助）从来没有讲过要创建一家大企业，强调更多的是要创建一家好企业。对此，他提出了许多具体的要求，比如有'公司纲领''公司信条'以及'必须信守的七大精神'等。这些纲领、信条和精神不是告诫我们要努力做成一家大企业，而是更希望我们争取做成一家好企业。"

同样，曾担任松下电器第六任社长的中村邦夫（现任松下电器特别顾问）在《我与创业者同行》一书中，也曾提及"七大精神"。他认为，创始人松下幸之助提出"七大精神"的目的就是希望员工们能迅速成长起来，干好一番大事业。他猜想，在企业还处于小规模的初创阶段，那时作为创始人的松下幸之助每天都能直接面对员工们，与他们面对面交流。对松下来说，那时一定是他最快乐的时光了。但是，随着企业的规模越来越大，他与员工之间直接对话的机会却变得越来越少。在这种形势下，他满怀着对员工成长的殷切期望，初创了员工应该信守的"五大精神"，后来增至"七大精神"。

11　致注目礼

让我们先从互致注目礼开始吧！

世上有些事，大家明知是对的，但难以为之。以前，我常向你们讲彼此之间要遵守礼仪，在走廊相遇时至少要互致注目礼。其实，就连这么简单的事，我也常看到有些人做不来。本来，你的一句话一个动作就能引起对方的好感，渐渐地你就会被视为高雅的人、值得信赖的人而受到尊重。如果你们能把互致注目礼提高到事关人生建功立业的高度上来认识，就不会再把它当成一件无足轻重的小事了。

据说，如果想办成一件事，说一两遍是没用的。看看互致注目礼这么简单的事，我说了一遍根本不管用，想想这话也是蛮有道理的。今后，我打算说三遍、四遍，直到大家能做到为止。

当然，我希望大家能都在日常生活中养成知书达礼的好习惯。那么，让我们先从互致注目礼开始吧！

12 值得信赖

努力把自己培养成"不犯错的人"和"值得信赖的人"。

人有各种不同的类型。其中，有干什么事，都令人信赖的人；也有干什么事，总让人放心不下的不靠谱的人。

前者报告说"工作我做完了"，对这种人干过的事，你完全可以放心，不需再过问。然而，对于同样的来自后者的报告，即便事后经过调查证明准确无误，但总觉得不查查的话就放心不下。为此，会增加工作量浪费时间，如果长时间持续下去，也会在精神和物质上给双方都造成不可估量的损失。

"人都难免犯错"，抱有这种心态的人，工作绝对做不好。你们必须做到"绝对不犯错"。

我希望各位通过不断工作和深入学习，努力把自己培养成"不犯错的人"和"值得信赖的人"。

13　第六感

练就一身仅凭第六感就能辨别商品特性和质量好坏的过硬本领。

产品再好，销售不得法，会导致产品的价值大打折扣。我希望，承担销售重任的各位能深刻地认识到这个问题的重要性，练就一身仅凭第六感就能辨别商品特性和质量好坏的过硬本领，这样才能让商品在你们的手里真正发挥出它的活力，才能在销售上最大限度地发挥出它们自身的价值。

编者语

松下幸之助十分重视直觉的培养。虽然在这里他只强调了销售人员培养直觉的重要性，但对从事生产方面的人，他也多次强调过培养直觉的重要性。比如，在创业初期，当运转中的压模机出现状况时，松下幸之助只需要用耳朵一听就能找出问题所在。

此外，对于无法解决电池质量问题的一位负责人，松下曾这样告诉他，如果你把自己生产的电池一直放在身边观察，你就会听到电池向你哭诉，央求你"该这样去做，该那样去做"。

其实，松下所说的直觉，就是希望每个人都能深入生产现场，面对现实，在实践中练就一身过硬的业务本领。

14 设计与发明

我们做任何工作，缺少设计和发明，就不可能进步与发展。

近来，本公司取得了显著发展，组织机构上多增设了几个科室，在此工作的各位同事也能夜以继日地努力工作，我感到十分欣慰。希望你们能百尺竿头更进一步，工作上更精益求精，效率上再努力翻倍。

一般人认为，只有在理工科或机械制造上，才配使用"设计"和"发明"这种词，其实它们绝不局限在如此狭小的范围内。我们做任何工作，缺少设计和发明，就不可能进步与发展。因此，无论你们属于哪个部门，都应该力求在自己的工作中有所发明和创造。

编者语

受到松下幸之助奖励设计和发明的影响，松下电器每年都在公司内部发布"发明者和设计者排行榜"，在一九四一年的排行榜中，松下幸之助被列入西部横纲（西部冠军。——译者注）。由此可见，当时，松下是冲在产品研发的最前线的。

顺便说一下，在该排行榜中，排在东部横纲的是后来担任松下电器副社长、最高技术顾问的中尾哲二郎先生。中尾先生作为技术人员，在二十世纪三十年代开发了当时松下电器最热销的主打产品——超级电熨斗和收音机等，极大地促进了公司的发展。他是没有辜负松下幸之助期待的人物之一。中尾说过，无论是电熨斗还是收音机，他之所以能研发成功是因为松下社长的"你肯定能行"这句话极大地激励了他。

松下幸之助之所以能早早地就把设计和发明的重任交给一线员工而可以专心去搞经营，也可以说就是因为有了中尾先生这样的员工。

15 讨价还价

争取达到讨价还价不仅不会被厌恶，反而能让对手敬佩的境界。

我曾在杂志的某个专栏中，读过介绍已故寺田甚与茂老先生（1853—1931，大阪实业家）的相关文章。某日，老人家公事结束后需要从北滨乘大巴返回家中，本以为只买一个区间的车票就够了，没想到检票时人家告诉他需买两个区间的车票。于是，老先生断然叫停了刚刚起步的大巴，下车后换乘电车回家了。乍看，他这样做很不合乎常理，但仔细一想，这件事本身充分显示出靠自身努力成为一代大富豪的寺田先生的人格魅力。

我对为仅仅五分钱而斤斤计较以及毫不顾忌在众人面前丢脸，断然叫停大巴下车的这种坚定意志，深感钦佩。这等坚定的意志，值得我们学习。

有一家我们公司的代理店，在大阪也被公认为是一流批发商，老板很阔绰，在经营上也比较大手大脚很气派。

他经常对我们说："我做买卖进货时从不讨价还价。"说这话时，俨然一副绅士面孔。但那家店没过多久就倒闭了。商人不能轻言放弃每一分钱，否则就不会有繁荣的未来。

拿上述两人对比，寺田老先生更看重细节，在采购进货时该讨价就讨价，这样做反倒刺激对方更进一步提升了自身的能力，最终，会促进事业的发展，为社会留下巨大功绩。与此相反，前面说到的那位代理店的老板，说起话来风度翩翩，当场皆大欢喜，但结果是导致事业失败，给许多客户带去了巨大的麻烦。道理显而易见，"蛇有蛇道，鼠有鼠道"，经商的人就该走商人之道。

在采购进货时，即便你愿意高价采购，对方也会看不起你。当然，如果你刻意压价，对方更会讨厌你。我们应该通过修炼不断完善自我，争取达到讨价还价不仅不会被厌恶，反而能让对手敬佩的境界。

编者语

松下幸之助也曾有过因"拒绝讨价还价"而受到对手敬佩的经历。那是松下第一次去东京做营销时的故事。

跑遍了批发商，因为自己是关西来的新客户，批发商都要求降价。考虑了再三，松下也准备同意他们的降价要求，但他后来改变了主意，恳求批发商们说："这个商品是包括我在内全体员工起早贪黑努力工作的成果，原价并不高，反而比市场上的其他同类商品更便宜。当然，如果我的商品价格真的比他们的高，而且不好卖的话，给你们让价也是天经地义的。但是，实际情况并非如此，我认为我给你们的这个价格肯定能卖出去。请你们一定按这个价格进货吧！"也许是敬佩松下的胆识与气魄，批发商们最终认可了松下提出的价格。

价格能反映出经营者的哲学和价值观。

16　强加于人

　　站在自己的立场上看问题和思考问题，并把自己的想法强加于人，这种做法大错特错。

　　我曾在电灯公司工作过，工作内容是安装电灯。既有室内的安装工程，也有室外的施工工程。室外的工作，冬天最艰苦难熬。在刺骨的寒风中，在冷得令人窒息的屋顶上连续工作几个小时后，那种冰冷刺骨的感觉真是刻骨铭心。

　　因此，每到冬天，我都祈祷今年是暖冬。并且，当每天早上我去领开工票时，心里都暗暗祈祷自己分到的是室内工程。然而，自从我们生产电暖炉以来，特别是这三四年来，我似乎感觉年年都是暖冬，尤其是今年冬天更暖和，这让我有了无名之火。其实，我无非就是想告诉大家一个道理，由于所处立场不同，对同一件事就会产生完全不相同的看法。

　　站在自己的立场上看问题和思考问题，并把自己的想法强加于人，这种做法大错特错。为此，我们要学会在待人和处事上站在对方的立场上考虑问题，充分提升自己的理解力，这样不仅能在对外交往中取得极佳效果，也会极大促进内部团结与和睦相处。

17 人尽其才

想找到一个适合自己的工作岗位实非易事，为此你需要不断积累工作经验。

今天，你们加入了松下电器，就应该做好自己的本职工作，同时，也要加强自身的学习与修养。

在职期间，你们会因公司需要被调到任何一个岗位上工作，所以现在就应该提前做好心理准备，要充分认识到无论被调到哪家分店或工厂工作，你们所接受的指导精神都完全相同，做任何工作都是为了公司的利益，同时也利于自身的学习与成长。

最近，我听说有些被调走的人常发牢骚，他们总觉得新部门工作太辛苦，新工作不适合自己，在新领导手下工作没干头儿。这些想法是自私与任性的表现，是以自我为中心考虑问题的通病。其实，无论你们去哪里，做任何事情都是为松下电器工作，都有利于你们自身的学习与成长。我希望你们能认真地思考这个问题。

所有人都"人尽其才"固然理想。实际上，找到一个适合自己的工作岗位实非易事，你需要不断积累工作经验。你要学会接受任何人的领导，因为只有在与你的性格和见解不同的领导的手下工作，才有机会学到更多的东西，成长才会更迅速。

编者语

实现"人尽其才"有多难，也许只有等到你有了几名部下后，每天绞尽脑汁思考如何才能发挥他们的作用时，才能真正弄懂这个问题。松下幸之助在其著作《以人为本的经营之道》中专门谈到了这个问题。

判断一个人是否胜任这项工作，是一个十分棘手的问题。对于这个问题，需要经营管理者做出准确的判断，但实际上往往很难对这个问题做出准确的判断。当然，通过交谈、面试或笔试，多多少少能了解到一些情况，但也只是一些皮毛，难以掌握实质内容。面对这种情况，我是这样做的。只要我认为他有百分之六十的把握适应这项工作，我就认定他是合适的人选。迄今为止，我用这种择人标准挑选的人才，基本上都没让我失望过。

当然，如果你希望人选的适应性能达到百分之八十以上，只要从各种角度仔细筛选，我觉得完全有可能选出这种人才。诚然，能找到这种人才再理想不过了，但这需要花费大量时间与精力，从某种意义上讲，这样做有点得不偿失。所以，当你与他大致聊完后，如果觉得他的实力够60分，你就可以告诉他，"你有能力帮我做好这份工作，我相信你完全可以胜任"。我这样坚持了几十年，基本上没出过大错，从中也选出过能打满分的人才。当然，并不是我所有的人选都成功了，也有过失误的例子。假设我选了六人，其中三人不错，两人过得去，偶尔也会有一人看走了眼。这种情况在我身上也时常发生。

对于失败的人选，我会告诉他："你失败了，但不要灰心，我来帮你！"我会一边帮助他找出问题所在，一边积极协助他工作。这样做的话，大部分情况会好转，还有小部分仍然会很糟糕。对于仍然做得很糟的那部分人，我会深入调查研究，进一步帮他找出问题的根源。我就是这样一步一步走过来的，虽然不能说我做得很好，但能持续保持百分之七十以上的成功，我也基本满足了。我认为，这应该是我成功经营松下电器的主要原因之一。

以上引用的这段话稍微长了一些，但松下幸之助就是靠这种价值观，千方百计地想办法，努力地让每一位员工在合适的工作岗位上尽其才，竭尽所能地给予员工充分发挥自身才华的机会。

18 贪图回报

如果有一天，我们贪图的是百分之一百二十的回报，那将是走向衰败的开始。

人活在世上最危险的状态是，事业处于巅峰而得意忘形。因为许多失败的苗头往往就在这个时期滋生。反过来，人生最安全的时刻是在经常感受到来自外界压力的时候。

人性有向善与作恶正反两面，由于惧怕来自社会多方面的处罚与责难，作恶之念往往经常被抑制住。并且，每个人靠自身的修养，也能改恶从善，使人生步入正途。从这种意义上说，在任何时候，人都需要接受监督、刺激和鞭策，从而时刻保持紧张心态，努力学习，不断提高。

当前，对公司来说，我们的努力只得到了百分之八十的回报。如果有一天，我们贪图的是百分之一百二十的回报，那将是走向衰败的开始。我相信，只要我们肯付出百分之一百二十的努力而只求得百分之八十的回报，我们的公司一定会有一个光明的未来。

　　建设大阪门真的总厂一事，受到了世人的瞩目和称赞，但对我们来说，绝不可得意忘形，把尾巴翘上天。因为，迄今为止我们为这个项目投了大量资金，但连一分钱的利润也没收回来。事实上，现在只能勉强用其他工厂的收益来弥补这部分损失。

　　我希望，大家都能充分意识到问题的严重性，为完成既定的目标而共同努力奋斗！

19 日日创新

搞事业的人，日日都要有所创新。

近来，市内所有重要地段都挂上了"去神户只需二十八分钟"的阪急电铁的巨大广告牌。当然，交通提速是件好事。为了抗衡阪急电铁，阪神电铁针对这一情况，开始运行三节车厢的超特快列车。与十年前相比，真恍若隔世。

在这分秒必争、日新月异的社会里，因循守旧、十年如一日的经营方式已经跟不上社会发展的需要，如果我们再不创新改革，必将成为被世人唾弃的落伍者。为此，像我们这种做事业的人更需要不断更新自己的意识，立足于今天，放眼于明天，通过不断寻找和发现新事物，争取更大的发展。否则，我们根本无法在行业中领先。如果我们不思进取，仅仅满足于与他人为伍，对我们来说毫无意义。

为此，我要求你们，必须在今后的工作中，多动脑筋，忠于职守，争取在自己的工作中，日日都有所创新。

编者语

"日日创新"是松下幸之助对自己提出的要求，也是对每一位松下电器员工提出的要求，这种想法很重要。下面是一位公司老员工口述的故事，恰好说明了它的重要性。

某天，松下社长在不打招呼的情况下来到营业现场。他走到企划科长的办公桌前，拿起偶尔摆放在桌上的自行车车灯，问："现在的开关设计有变化吗？"企划科长回答说："没变化，还用原来的那个。"听后，松下脸色骤变。为什么呢？因为，现在的产品与他当时生产的产品相比基本上没有变化。他大声训斥道："这是我当年设计的，你们设计的开关装在哪里了？这些年你们都干什么了？请把工资退还给我！"室内回荡着松下社长的怒吼声。随后，他面对低头弯腰致歉的科长说："我知道你能做好。我现在仍然信任你！"留下这句话后，他离开了房间。从那以后，那位被训斥的科长带领着手下一帮人奋发图强，终于打了一场漂亮的翻身仗。

20 工作与经营

我们应该把所有的工作都看成一种经营。

今天，你们工作一天很累了，但我忽然想起一件事，还是想在这里多啰唆几句。当然，今后下班时，如果有要说的，我会长话短说，尽量少占用你们的时间。

最近，也许是扩张店铺的关系，所有人的眼睛只关注了一般性事务工作，根本没有时间去考虑提高工作效率的问题了。这样下去的话很危险，会阻碍我们进步的。

我们应该把所有的工作都看成一种经营。当我们能做到把一个小得不能再小的工作也看成一种经营时，我们就会从中找出许多需要改良和创新的地方，还会通过这项工作有更多的新发现。

在我们的社会里，每个人都非常努力工作，但真正的成功人士少之又少。这是因为大部分人缺少经营意识，从来不下苦功夫钻研业务，不肯在工作中多动脑筋想办法，他们只是习惯了努力工作而已。

如果有一天松下电器也堕落成了由这种人组成的集体时，公司将危在旦夕。我希望把每一位松下人都培养成放在社会上能凭借自身之力独当一面的人才，只有等到公司拥有了一大批这样的员工时，我们的预期目标才能全部实现。我深信，各位通过在各自的领导岗位上不断磨炼和积累经验，将来一定会成长为一名强有力的经营管理者。你们前途无量。

编者语

对松下幸之助来说，他的"育人"目标就是要培养一批"懂经营的人"以及"在任何岗位上都有经营意识的人"。正如前面《17 人尽其才》的"编者语"中揭示的那样，重要的是要大胆地放手让他们去做。

在这个讲话发表后的第二年正月，松下幸之助又发表了《给你压岁钱》的讲话。在这次谈话中，他向员工发表了"发现经营诀窍在此的价值远胜百万两黄金"的金句。"压岁钱"的教育寓意深远，让当时的普通员工也是后来成长为公司财务部门高管的樋野正二感触很深。从此，这句话作为他人生的金科玉律，一直伴随了他的人生。樋野在其自传《松下的财务大学》一书中这样讲道："公司全体员工都应该把学习和掌握经营者（指松下幸之助）的思维方式作为自己的奋斗目标。无论担任什么职务，无论每天从事什么工作，无论面对什么样的看法和想法，都必须从经营的角度去思考和钻研自己该怎么办，怎样做才能发挥出经营管理的作用。只有通过持续不断的努力，才能真正掌握住经营上的诀窍。"

他还说，我理解松下幸之助的想法是，"只要把经营时时放在心头，认真钻研业务，努力工作，就会在工作中不断有新发现，这时我们都会感到万分喜悦，其价值远胜百万两黄金"。并且，我一直把从松下社长那里领到的"压岁钱"视为松下社长对自己的"期待与鼓励"。

稻盛和夫 _{项目组}

—— 2020 ——

作品汇集

稻盛和夫

创办京瓷公司和 KDDI 两家世界 500 强企业，并用一年的时间重建日本航空将其扭亏为盈，创造了日航历史上最高利润。代表著作《活法》《京瓷哲学：人生与经营的原点》《思维方式》。

京瓷哲学
人生与经营的原点

扫描二维码
关注活法微信公众号
分享活法 传递稻盛哲学
电话（微信）：15711140068

扫描二维码
了解"稻盛和夫专题"

活法

稻盛和夫的代表作，回答"人如何活着"，即人生意义和人生应有的状态；第一次系统阐释"成功方程式"，以及个人心性与企业品格的关系。

马云、季羡林、樊登强力推荐，是风靡全球的超级畅销书。

《活法》（2019年版）

风靡全球

企业家首选心灵读本 销量突破460万册

稻盛和夫将其多年心得以质朴的文字娓娓道来，企业经营者可从中领会企业发展之路，而普通人亦将感受到高境界的为人之道。

《活法》珍藏版

《活法》大字版

《活法》口袋版

《活法青少年版：你的梦想一定能实现》

本书是稻盛和夫为青少年学生以及踏上社会不久的年轻人而写的。在书中，稻盛和夫阐释了成功的条件为能力、努力和态度，给广大年轻人指出了一条光明大道。

扫描二维码
关注活法微信公众号
分享活法 传递稻盛哲学
电话（微信）：15711140068

扫描二维码
了解"稻盛和夫专题"

21 迎头赶上

> 我会义无反顾地勇往直前，请你们不要落后，一定要
> 迎头赶上来！

又到年底了，我感谢在过去的一年里大家为公司付出的辛劳！在全体员工的精诚团结和辛勤努力下，我们得以顺利地送走了这一年，实在是可喜可贺。

在新的一年里，我决心充分发挥在过去一年里积蓄的各种能量，义无反顾地勇往直前。当回头张望时，我既希望大家能紧紧跟随在我的身后，也希望因为自己跑得太快，让大家看不到踪影，一个人也追赶不上来。总之，我会义无反顾地勇往直前，希望大家都能体察我的真心诚意，请你们不要落后，一定要迎头赶上来！

22　秉公无私

　　公司是社会公器，在人员的录用和任免上，绝不能掺杂半点私心杂念，一定要秉公无私。

　　前几天，我看了本年度新员工招工考试的答卷。其中，许多人都赞扬本公司像一个和睦的大家庭，都说对于即将到来的新员工培训翘首以待。当然，对松下电器的家族式管理，社会上的评价颇高。对我们来说，自然是一件值得高兴的事情。今后，我们更应该加倍努力培养这种良好的氛围。

　　然而，大家口中赞赏的所谓"家族主义"并不意味着是以我松下幸之助个人为中心的家族主义，我希望大家对此做到心中有数。我个人在松下电器中，只是担任公司的职务，与你们一样，是共同构成公司的一分子。因此，松下电器并不是我个人的财产，当然也不全属于你们。它是立足于统合了我们所有人的能力而生成的巨大力量之上的独立体，也正因如此，它才是松下电器的实体。为此，我们更应该精诚团结，共同巩固和捍卫这个实体。我想请你们认真思考这个问题。

每个人都有自己的偏爱，我也不例外。我从来不否认喜欢与自己性格合得来的人多交往。但是，公司是社会公器，在人员录用和任免上，我绝不允许掺杂半点私心杂念，一定要秉公无私。我的宗旨是，利用一切可以利用的力量。现在，我就是按照这个宗旨办事。所以，你们没有必要对我阿谀奉承，只需要认真做好自己分内的工作。

编者语

"企业是社会公器"，这种事业观已经深深烙印在松下幸之助的心头，表现在他的"人员录用"和"干部任免"的方针上。在人员录用上，松下幸之助不仅谈到了要避免掺杂私心杂念和秉公办事，而且强调了集体与个人之间适配性的重要性。

松下幸之助这样讲道："从我的经验上看，企业要根据自己的实际情况，录取那些最适合的人才。太过优秀的人才不仅留不住，有时在任用上还会令人困惑。因此，与其录用那些不喜欢你公司的人，更应该录取那些从心里认可你公司的人，他们会在你的企业里甘心情愿地努力一辈子。每一个人都应该去找合适的企业，反过来，每一家企业也应该去找适合自己的人才。你们一定要记住，录用太多过于优秀的人才，反而会起到负面的作用。"

23 脚踏实地

我当时的愿望就是，把一天 1 日元的销售额变成 2 日元，我每天为此拼命地努力工作。

以前，我们常讲，"千里之行，始于足下"。这句话寓意深远，告诫我们做任何事都要一步一个脚印，脚踏实地走好每一步，这样才能抵达成功的彼岸。

年轻人要胸怀大志，我赞同这种观点。但我眼前看到的是，有些年轻人眼睛只盯着远大理想，不注意自己的脚下。他们脚步不稳，走着走着一不小心就摔倒了。还有一些年轻人能够快乐地享受着一天又一天的平凡工作。他们一步一个脚印认真走好每一步，踏踏实实地进步。随着时间推移，这部分人增长了自己的才智，练就了一身本领，最终事业有成。这样的成功范例数不胜数。

我走过的就是后者的路。创业初期，我当时的愿望很简单，就是把一天 1 日元的销售额变成 2 日元，然后再把 2 日元变成 3 日元，我每天都为此拼命地努力工作。

你们还年轻，胸怀大志是好事。但是，你们也必须清楚地认识到，要想实现自己的远大理想，摆在你们面前的只有一条路，那就是脚踏实地走好每一天。

24　为我所用

> 在看问题时，一定要向前看，努力看到"好的那一面"。只要对我们有好处，就要为我所用。

对于我们必须信守的"五大精神"，有些人不以为然，他们讽刺"五大精神"内容不错，但不过是骗人的幌子。这完全是曲解。我们绝不会做这种表面文章来哗众取宠，也绝不会制定卑鄙谎言用来欺世盗名。

由于我们也是凡人，不可能达到神仙或圣人的崇高境界，有时，无论我们再怎么想做好，也无法完全控制住人类特有的那种丑陋的欲望，所以，我们需要制定一个明确的目标，心无旁骛地向着这个目标迈进。在前进的道路上，利用来自外界的磨炼和自身的修养，终于将这些"精神"变成了我们的坚定信念，逐步在公司内推广开来。

从这个角度上看，我们为自己选定了必须信守的"五大精神"，制定它的本意绝不是为了向外人炫耀，更没有想向外部大张旗鼓地推销。尽管今天它还很不成熟，但我们愿意把它选定为松下人的宏大目标，一步一个脚印去接近和实现它。

我认为，在看任何问题时，一定要向前看，努力看到"好的那一面"。因此，不管是什么人制定方针政策或者是在任何场合发生的事情，只要对我们有好处，就要为我所用，我们松下人必须拥有这种宽大的胸怀。

希望各位能充分理解此意，在今后的学习中全面深刻地领会这种精神！

25　力争第一

做到工作中绝不输给任何人，力争做一名做事让人放心、值得期待的松下人。

连日来酷暑难耐，我们还是要做好迎接新一轮酷暑到来的心理准备。请大家留意自己的身体状况，千万不要生病！

自古以来，日本就有"做饼还需制饼人"的谚语。其实，无非就是告诫我们做事还要靠行家的道理，因为他们做事的效率最高。是"饼店"都会做饼，既然要做就争取做最好的"饼店"。因此，对于我们来说，在工作上我们一定要做到绝不输给任何人，争取做到让所有的人都放一百个心。

在工作中，万一我们做错了什么事，道理上讲不是不能重新做，而是对我来说，绝对不允许这种事情发生。假设是医生犯了错，那结果不堪设想。一旦误诊用错了药，后果无法挽回。轻者今后患者避而远之不再来就诊，重者是人命关天的大事。

今后，我们该何去何从？我希望，公司全体员工都能坚持不懈地搞科研，不断地推出新产品，在各自的工作岗位上做到工作中绝不输给任何人，力争做一名做事让人放心、值得期待的松下人。

我也绝不会辜负你们的希望，力争做一名最优秀的企业经营管理者。让我们共同努力吧！

26　回馈社会

成功越大，就越应该想到报恩和回馈社会。

在我们的社会里，每个人都多多少少承受了社会的恩惠，而每一位成功人士都必须认识到，成功越大自己从社会上承受的恩惠就越大。无论是商人、政治家、学者、官员或者是军人，所有成功人士都是通过自己的工作岗位为社会做贡献，这是不争的事实。但如果他们只是宣扬自己做出的贡献，只承认成功是靠个人奋斗获得的一面，而忘记了社会赋予他们的恩惠比常人高出多少倍的另一面，那就是忘恩负义。

譬如，以军人为例，如今能够成为将军的人，大部分都毕业于陆海军大学。普通的校尉级军官中，有机会进入这所大学学习的人很少。当然，毕业于陆海军大学后，能够晋升为将军的人，也需要付出比常人更多的努力、拥有非凡的才华，但与那些毕业于陆军士官学校、海军士官学校的人相比较，他们在接受大学教育时花费了国家的大笔经费，在这方面他们受了更多的社会恩泽。

　　为此，无论在任何领域，成功者都应该充分认识到，自己成功越大，就越应该报恩和回馈社会。

27　广告宣传

你们关心本公司的广告宣传吗？

在炎热的酷暑中，承蒙诸位的辛勤努力，各分公司都取得了理想的业绩，实在可喜可贺。在此期间，我们的生产部门、销售部门以及广告宣传部门，都为此付出了巨大的努力，我们必须认识到这一点。特别应该表扬的是广告宣传部门，他们付出了不同寻常的努力。

我有个习惯，每天早上边吃早餐边看报纸，会先浏览广告栏。如果报纸上登出了我们公司的广告，我也觉得"这个广告值得做，也做得好"的时候，早饭就会吃得很香。相反，这顿饭就吃得无滋无味。在座的各位对广告宣传究竟有多关心呢？

今天，在场的有负责生产的人、负责销售的人以及负责事务性工作的人，我不要求你们对广告宣传着迷的程度达到影响你们早餐味道的地步，但至少你们应该关心自己精心制作的产品是如何被宣传和推广的，其广告宣传的效果是否理想等问题。

我真心地希望，你们不仅要密切关注报纸上有关公司产品的广告宣传，也要仔细阅读各分公司源源不断推出的广告宣传资料等，一旦发现有问题，要态度温和诚恳地向相关部门有意识地提出批评与修改的建议。

编者语

自创业以来，松下幸之助对广告宣传的热情一直不减。在他的半生传记《我的做法想法》中，这样详细地介绍了实物宣传的手法：在报纸上刊登的第一份松下电器的广告只有三行广告词，属于松下幸之助自创，内容是"松下电灯：买得安心、用得舒心"。从那以后，松下幸之助始终强烈关心着广告宣传事业，饱含热情。

据松下电器第二代社长松下正治回忆，有一次，松下幸之助访问了大分的代理店。之后，他带着梅野夫人一起去了别府温泉休养。在归途的列车上，他从车窗看到了松下电器安装在路旁的广告牌，于是，他让梅野夫人帮他数一数从各自一侧窗户看到的广告牌的数量。尽管梅野夫人并不情愿，对丈夫的做法有些诧愕，但她还是敬佩丈夫对工作的热情。从这些令人发笑的小故事中，可以看到松下幸之助对工作的认真姿态。

28　人事管理

未录用者是我们未来的潜在客户，被录用者也是我们的客户。

今天，我主要想与负责人事工作的人谈谈人事方面的问题。

在录取员工时，首先你们头脑里一定要有这种意识，即被录用的那部分人是我们的员工，然而，未被录用的那部分人将来会成为我们的潜在客户。这些曾渴望加入松下电器的人，至少将来会对松下电器产生极大的兴趣，为此，从一开始就必须给他们留下对松下电器的好印象。

在录用人员的问题上，人们往往会产生某种误解，普遍认为那些被录用者既然已经成为松下电器的员工了，无论怎样对待他们都不为过。事情并非如此简单，这种认识是不对的。按照传统观念，被录用者应该是公司的员工，他们与公司之间是雇佣关系。但事实上，他们是前来完成我们松下电器大业的具体执行者，从这个意义上讲，我们也必须把他们认定为我们的客户。如果你们头脑里装有这种意识，你们就会对被录者和未录者一视同仁，都会心存感激之情，同样认真对待他们。

我希望，每一位负责人事工作的人都应该抱着这种态度，认真做好自己的工作。只有你们想通了，照着去做了，就等于我本人亲自参与了人事工作一般。

编者语

松下幸之助常说："路上行走的人都是我的客户。"确实，如果我们能把许多不熟悉的人都想象成是购买过自己公司商品的人或者是有动机购买公司商品的人，我们就能时刻对他们保持谦虚恭敬的心态。有些道理一点就透，迄今为止我们一直没有做到，就是因为我们没能意识到这一点，至于把这种精神贯彻落实到整个组织中，那就更难上加难了。正如松下幸之助讲过的"下雨就要打伞"一样，我们就应该做那些我们该做的事情，这才是经营的成功秘诀。但是，在实践中，我们先要搞清楚"该做的事"的本质是什么，这就要求我们必须真正了解当今社会需求的普遍性以及跨时代需求的普遍性，具备掌握这种普遍性的能力。

29 量入为出

在经费使用上，切记一定要量入为出！

搞实体经济的人，先要大力培养经济观念。今天，随着科学技术的显著发展，企业经营越来越需要科学来管理。企业里的技术人员和研究人员是否具有强烈的经营和经济意识，直接关系到企业的兴衰。从事这方面工作的人，头脑里一定要有一个清醒的认识，必须做到不搞学究式的研究，不搞脱离经营的研究，要充分认识到科研也是一门经营。

在经费的使用上，要按照量入为出的原则，认真研究经费的用途，能节省就节省，绝不可浪费这些属于天下人的公共资产。不仅要关注各种营业费用的支出，也要重视对各部门经费支出的全面清理整顿，对于各种零配件、工具、消耗品等都要仔细清点，认真使用。

每个月要做细致的结算，全面迅速掌握当月业绩的整体情况，达到最有效使用资金的目的。同时，发现问题要及时解决，同样的错误绝不可犯第二次。

编者语

在战争气氛日益浓厚的这个时期，松下幸之助在发表《经济心得》的同时，还发表了《经营心得》《职员指导及各自的心得》。他在《经营心得》中指出："良好的经营有利于社会，不良的经营会毒害社会。"在《职员指导及各自的心得》中训示："对下级的指导要真心实意。"在这种经营环境日益艰难的情况下，为了让全体员工端正经营态度，他才提出了上述想法。

关于《经济心得》第二款中的"清理整顿"，一位在松下电器工作过的老员工讲了这样一个故事。那是在一九四二年夏天，松下社长站在工地现场的切割机前，召集了有关领导和相关员工，指着切割机前散落的边角料，严厉地质问："如果这里掉的是一分钱、两分钱，你们捡不捡？可是，你们明明知道地上的这些原材料是我们用一分钱、两分钱完全买不来的。"

30 公平竞争

经营和销售是一场战斗，我们必须公平地竞争到底。

我们公司必须信守的"精神"中，有一条是"奋发向上精神"，公司的发展与个人的成功都离不开这种精神的指导。经营和销售是一场真正的战斗，缺少战斗到底的顽强斗志的一方，最终只能接受失败的下场。但是，我们需要堂堂正正地竞争，摒弃那些中伤和陷害他人的卑劣手段以及企图独霸市场的贪婪行为，任何时候我们的战斗必须是正义的。

扭曲的战斗心态，邪门的竞争精神，不会让我们获得事业上的成功，个人也不可能取得进步。缺乏公平竞争精神的人说到底就是缺乏激情的人，他们对事业的发展不会起到任何积极的作用。

幸运的是，我们松下人早早就拥有了这种顽强斗志的传统，这也是成就我们今天大业的重要因素之一。所以，我希望各位能把这种正确的战斗精神一直保持下去，并在日常工作中发扬光大。

编者语

一九七九年，在两年前创刊的月刊杂志《Voice》（响应松下幸之助的意愿创刊的杂志）上，刊登了松下幸之助与伊藤洋华堂创始人伊藤雅俊的对话。对话中，双方都坦诚地吐露了作为经营者的真情与烦恼。下面是对话中关于松下幸之助的部分内容。

在我刚刚创业的五到十年里，当时业界内同行企业很多，我经常让他们在竞争中遭受沉重打击。每次都是他们输了，这反倒成了我的一大烦恼。

那时候，中小企业比现在多得多。在经营上，我一面饱尝着在竞争中获胜的喜悦，享受着企业发展壮大的快乐，另一方面，心里还挂念着那些倒霉的同行们，担心他们的企业破产，经常为此而闷闷不乐，这种日子持续了十年左右。有一天，我突然觉醒了，好像忽然明白了自己不该被这种问题束缚住，应该有更大的使命等待我去完成。就这样，在不知不觉中我获得了灵感，从此我再也不受这种问题的困扰了。

做就做最新的，造就造最好的，造好了就一定要把它全卖出去。这样努力的结果，虽然我会让对手变得更衰落了，但只要我能给更多的人带去欢乐，我就没有错，也不必为此感到烦恼，内心更不应该再纠结下去了。渐渐地我明白了这些道理。从那以后，我在竞争中勇气大增，也终于从那些烦恼中"毕业"了。

在松下幸之助的记忆中，"毕业"是在一九三〇年前后，应该是在他开始构思《经营理念》期间的事。从当时的"烦恼"中萌生的想法演变成一种信念，最终诞生了"七大精神"之一的"奋发向上精神"。

晚年，他曾在松下政经塾对学员们讲："如果你们感到迷茫，就继续迷茫下去。""其实，迷茫会让你变得伟大。"这种信念是从他长期的亲身体验中获得的。

第二章

突破最大的困局

破釜沉舟，抱着"第二次创业"的决心

二战结束后，作为实业家的松下幸之助遭遇了人生中最大的危机。面对坎坷，他想过什么，做过什么，怎样克服了困难？为了不再走错路，为了能与员工们共享工作的快乐，他又说过什么？我们从他在一九四五年至一九五〇年间的讲话记录中精选了部分内容，从而走进这个时期松下幸之助的内心世界。

引 言

无论是什么样的企业，其领导人一生中总会遭遇一两次经营上的危机。在面对危机时，企业领导人靠什么去解决难题和摆脱困境呢？

本章主要讲述了松下幸之助在人生和经营中遭遇最大危机时的那些事儿。时间大约是在二战结束后的六年里，那时松下刚刚五十岁出头。

在战争期间经济受管制的情况下，松下幸之助不可能随心所欲地开展经营活动。战争结束后的第二天，他在大阪立刻召集了大阪地区的干部和职工开大会。会上，松下幸之助强调，今后我们将不再按照当局的指导开展经营了，他说："我们必须独立开展经营。"并且，还强调说："不管遇到任何困难，我们都要竭尽全力去克服。"充分展示出要为松下电器的重建而努力的决心。但没过不久，他就摊上了大事，接受了人生中的一次巨大考验。

这种考验不仅来自物资匮乏而无法进行生产活动，还来自松下电器被 GHQ（联合国军最高司令官总司令部）指定为受限制公司以及松下幸之助本人被指定为受限制财阀。在五年的时间里，松下电器的发展以及松下幸之助本人的经营活动都受到了很大限制。公司的经营陷入了危机，有时不得不分期发放工资，甚至被迫进行了裁员。

在回顾当时的经营状况时，松下幸之助说："我的人生中，从来没有像那个时候那样狼狈和孤独。"松下本人也陷入了生活资金困难的窘境，被媒体称为"税金的拖欠王"。

尽管如此，松下幸之助还是不断激励奋斗在一线的员工们，自己也没有失去斗志和使命感。不久，他的不懈努力终于得到回报，GHQ 对松下电器及他本人的各种限制逐渐被解除，再现了重建的曙光。

多少年之后，松下幸之助曾称赞广岛市是日本战后重建成绩最显著的城市。受原子弹辐射的影响，广岛市十年都寸草不生，但广岛人民重建的意志很坚定，他们在很短的时间里重建了自己的家园。因此，他告诫松下电器的员工们，在经营中只要不气馁，不丧失斗志，困难也会转变成巨大的发展契机。

　　松下幸之助曾讲过这样的豪言壮语，"我喜欢顺境，更喜欢逆境！""我最喜欢困境！"可以说，这种信念都是他通过亲身体验，一点一点摸索出来的。

31 至诚精神

始终传承的是"至诚"精神。

我们常自夸身上一直保持着日本精神，但在过去几十年里，我们真的把握住这种精神的精髓了吗？很遗憾，我认为我们失去了它。如果用一句话来概括什么是日本精神的精髓，那就是两个字——"至诚"。

纵观三千年历史，日本人的精神世界里自始至终都贯穿了"至诚"精神，时时刻刻都在完善着"至诚"精神。有人说，忠君爱国不正是发于至诚吗？但我说所谓忠君爱国不过是日本精神中的一种表现形式，它并不代表日本传统精神，只有"至诚"才是构成日本精神的重要组成部分。

32　适者生存

> 在经营方面，如果不能成为颇具实力的合格者，就只能败下阵来退出舞台。

战争结束后，自由主义在日本再次被高调叫响。形式上，自由主义强势时，人们的生产活动就会变得更自由，各种新发明和新创意也会层出不穷，但我们不应该忘记，自由主义的原则是适者生存。在激烈的竞争中，只有那些适应者才有充分发挥才能的舞台，而那些不适应者，等待它们的只能是失败和退出舞台。这种做法恰好与日本相扑界的生存法则一样，有实力的相扑选手自然就会坐到与他地位相符的位子上。这应该就是所谓的实力本位。美国就是最典型的代表。比如，在美国，都是造车技术最出色的人从事汽车生产。所以汽车生产行业集中了专业的优秀的生产人员。这也正是美国制造业迅速发展的重要因素之一。

日本的情况恰好相反，日本更注重传统与传承。比如，某人在某一行业有着出色的才能，但基于种种原因，他必须继承家族企业。很多人干着不适合自己的工作，真正懂行的人很少，工作效率也不会很高。结果可想而知，当然无法满足国民追求丰富物质生活的需求。但是，这一次自由主义在日本再次被高调叫响了，为我们指出了一条充分发挥自身才能的道路。过去的事情就让它成为历史，今天"量才录用"已经变成现实。从今天起，那些不适应者将没落下去，也可以说，让那些妨碍国家发展的企业远离我们的行业。为此，日本的制造业将会发生翻天覆地的变化。

过去的那些大公司，如果今天实力不济了，也必将穷途末路。未来，只有那些实力强大的企业才能在行业中大展宏图。

我相信，只有自由主义才能给我们自由发挥的舞台，才能让我们有劲使出来。从今天起，我们要不断磨炼自己，大力培养自己的经营实力。否则，如果我们在电器产品的生产和经营上实力不济，不适应这种激烈竞争的话，等待我们的也将是失败和退出舞台。

为了培养这种适应性，我们必须大力增强自身的实力。适者生存的原则要求我们在工作中一时一刻也不能疏忽大意，不允许我们在任何活动中有一分一秒的疏漏。从即刻起，我们必须大力提高和磨炼自身的适应性。

那么，怎样才能把公司培养成合格的适应者呢？我想，只有全体员工都勤奋工作，百分之一百二十地发挥出自己的工作积极性，除此之外别无他法。另外，对员工来说，他们需要的是一个安定的生活和一份稳定的工作。当然，对我来说，应该把经营方针的重点放在保障他们的生活与工作的长期稳定上。为此，我主张今后在公司里实施"高工资、高效率"的经营策略。当然，我现在还不能立即兑现这种想法，但我愿意从今天起为实现这两点承诺而殚精竭虑全力以赴。

我希望，我的努力不仅能给劳资双方都带来无尽的欢乐，也能给社会增添巨大财富，为人类带来无限幸福。

33 取长补短

我希望取中小企业和大企业的长处，摒弃它们的短处，建立一种新的企业形态。

我历来主张建立一种"无论什么人，不管职位高低，都能快乐工作"的经营模式。

企业领导人应该具备对部下的情况了如指掌，对工厂的各个角落熟记于心，对各种各样的生产资料倒背如流，即便是一颗小小的螺丝钉也能让其充分发挥效用的管理才能；还必须在业务、技术、生产和经营上成为该行业世界上屈指可数的权威人士；并且，能够让手下的员工充分发挥出各自的才能。这就是我梦寐以求的以及迄今为止一直都在刻苦钻研的经营模式。

众所周知，一个人的能力是有限的，无论如何一个人也无法独自经营拥有一千名员工的企业。为此，我们就应该考虑限制企业的经营规模，最好能限制在任何人都容易上手管理的可控范围内。因此，当前我们应该重新规划现有的经营单位，并在此基础上进一步细分每一个经营单位，然后再为新划分后的经营单位配备最具权威的经营管理者。

其实，日本制造业有个不成文的传统，那就是只要企业规模一大，它的生产效率就会降低；在它规模小的时候，效率反而比大时高得多。究其原因是日本国民性所致，日本是一个喜欢感情用事的民族。一般来说，企业规模小的时候，企业主的想法能够直接下达到每一位员工，在他的直接鼓励和监督下，员工们受到激励和鼓舞，工作效率会有所提高。相反，如果企业主顾及不到，员工的士气会受到影响，效率也就不高。事实的确如此，那些经营管理者的"目光"能够顾及方方面面的中小企业，效率都很高。今天，日本制造业的根基仍然在中小企业，但由于受到美国制造业的刺激，日本也开始在企业规模上搞大资本化和大经营化了。

可是，今天日本企业的规模虽然做大了，但在经营上真正取得成功的例子并不多。有些看似成功的企业，实际上是因为受到了国家政策的庇护而勉强维持着。如果只靠独立经营，它们不高的效率根本无法维系自身的生计。其实，在日本搞企业经营，大资本化并不符合日本的国民性，它之所以能于现阶段在日本盛极一时，主要是因为如今否定日本国民性存在的那股思潮略占上风，它们忘却了日美两国国民性的差异，片面强调经营就是要搞大资本化，贬低了中小规模资本经营的作用。

当然，把企业做大也不是没有好处，但这种做法只适合那些做任何事情都依靠科学和理性的国民，它根本不适合喜欢感情用事的日本人。对我来说，我希望取中小企业和大企业的长处，摒弃它们的短处，搞出一种新的企业形态，其中的一种形态就是我在前面刚刚提到过的那种经营模式。今后，我将进一步细化现有经营，让现在的经营形态进一步专业化，并结合大企业特有的经营方式，最终建立起一套符合日本和松下电器的新企业形态。

我的研究刚刚起步，未来的发展空间还很大。我的愿望是能把中小企业特有的专业化经营模式与大企业的大资本化经营模式巧妙地结合在一起，在此基础上创立一种新型的运营管理模式，我期待它能独树一帜，让所有的人

"爱不释手"，最终为社会做出新的贡献。

编者语

  松下幸之助在这里讲述的"经营模式""企业形态"，主要是指事业部负责制的组织形态。但他真正想建立的是"无论什么人，不管职位高低，都能快乐工作"的组织形态。因此，松下幸之助在设计和构思未来的组织形态上，最优先考虑的是让在这里工作的人每天都能心情愉快地工作。

34 转祸为福

发挥出"转祸为福"的优良传统。

无论我们碰到任何困难，都应该用善意去化解，应该真正发挥公司一贯秉承的"转祸为福"的优良传统。

众所周知，我们公司在战争结束后，经过全体员工一致努力，终于实现了恢复生产民用产品。作为产业复兴的先驱，我们满怀着强烈的生产热情一直奋斗至今，当我们期待着更上一层楼之际，却被迫接受了"受限制公司"的指令。对于这一点，我感到非常遗憾。迄今为止，我们经历过千难万险，而每当遇到困难的时候，我们都能以开朗的态度，用善意化解每一件事情，在逆境中找出了新的方向，开拓出了新的道路。我们一直这样努力着，慢慢地养成了一种习惯，培养了一种传统，它激励我们永不退缩，勇气凛然地向着实现生产使命迈进。

各位，现在我们又到了重新思考这个问题的重要关节了，又到了需要重新唤起我们传统力量的关键时刻了。就拿这次的指令来说，如果单纯地把这项措施视为把我们当成了战争赔偿的对象，自然就应该把这件事视作坏事，但是，如果能通过这一事件把我们与外国人之间的交往变得密切起来，那么坏事也能变成好事，祸患也能转化为福事。

譬如，为了赔偿，我们将拿出我们的股票做抵押，这样一来，外国人就可以参与我们松下电器的经营了。这对于面临新时代考验的日本制造业来说，在某种意义上是值得庆幸的一件事。我原本也考虑过二战结束后，为了加速公司的发展，向外国公开出售部分松下电器的股份，希望他们成为我们的股东。没想到这次的指令反而加速了我实现自己设想的步伐。

像这样，我愿意把被视为"祸"的指令，用开朗的态度去善意地化解，把它解释成是为了我们今后的发展与进步而重新构筑基础的一种善举。当然，由于受到种种监督与限制，一段时间里也不可能随心所欲地开展各项经营活动了，但我希望，你们要胸怀大志，不要被眼前这些细微琐事扰乱心绪，无论在任何时候，在任何情况下，心中都要装着产业人的光荣使命以及决心把公司建设成超一流企业的愿望与信念，在各自的工作岗位上奋发图强努力工作。我坚信，企业一定会有一个光明的未来。

35　集思广益

我坚信，集各位的聪明才智于经营上，这种集思广益的做法才是让我们渡过难关的唯一出路。

近来，我们遭遇了粮食危机，每天都为生活忙碌着，难以安心生产，陷入了贫困的窘境。在这非常时期，我们需要相互体谅与安慰，但仔细回想，这种痛苦与烦恼是战败造成的，是我们自身必须承受的磨难，也是对我们所犯错误的惩戒。从这个意义上讲，我们必须甘心承受这种痛苦，默默忍受这种煎熬，并在此基础上，克服困难，冲破难关，为重建新日本而奋勇前进。

从这里我联想到公司的经营，虽然我们基本捋顺了生产经营的头绪，但在资金和原材料上，我们陷入了瓶颈，问题堆积如山。再加上众所周知的麦克阿瑟司令部对公司发出的限制令，束缚了公司的自主经营，令公司的前途一片黯淡。

举一个例子。为生产今天的产品，我们必须先千方百计地四处筹集原材料。一旦我们煞费苦心配齐了重要的原材料后，还不得不为凑齐辅助材料而苦恼。总之，今天我们为卖出一件产品，需要付出超乎寻常的努力，承受非同一般的辛苦。接下来，我们在排除了原材料方面的障碍，并努力提高了生产效率后，还要去解决流通领域中存在的问题。现在，我国的商品流通体系被彻底摧毁了，战前遗留下来的各项物资统配措施依然还在暗中活跃，阻碍着商品的顺利流通。此外，即便解决了流通上的问题，由于新日元政策的实施，货款回收变得越发困难。接下来资金回笼会让我们焦头烂额。最终，越是煞费苦心去生产，就越会深深陷入资金困难的泥潭。如果再加上物价暴涨，人工成本以及各种经费支出的增多，以现在的情况来看，公司还远远没有达到稳定经营的地步。

当然，如果政策上允许我们向银行贷款，或者同意我们新增资本的话，突破这个瓶颈也算不上困难。但根据现行的金融措施令，我们想贷款真的不容易，再加上以上种种对公司不利的因素，想增资更是难上加难。

眼下，公司经营面临着巨大困难，照此发展下去，必将使经营进一步恶化，甚至会导致公司破产。这就是摆在我们面前的真实情况，但我们不能被眼前的困难吓倒，更不能放弃，否则我们就无法实现我们许下的诺言，无法完成肩负的光荣使命。我们决不能畏首畏尾，面对眼前的困境，更要发挥出我们特有的勤奋努力的传统精神，不断制造出更多更好的新产品，供应给市场，最终为提高国民的幸福生活，为祖国的复兴贡献出自己的一份力量。

我向你们保证，一定会早日摆脱这种困境，为你们重建一个崭新的松下电器。此时此刻，我回想起三十年前我第一次生产电器产品时的情景，我觉得是时候找回创业初期时的我了。为彻底改善经营和优化管理，是时候再次束紧裤带，重焕往日的那股激情了。作为从头越的第一步，我决心兼任营业本部的负责人，重归生产和销售的第一线。

各位，我希望你们从今天起，也能认清目前经营上面临着巨大困难的现实，并像我一样，把注意力全部转向改善经营以及优化管理等问题上。

此时此刻，我们如同站在百尺竿头之上，踏错一步必将坠入万丈深渊，致使迄今为止的一切努力都化为乌有，公司将分崩离析，一万多名员工被迫四分五裂，各奔东西。不仅如此，我们还无法继续履行产业人肩负的光荣使命，更辜负了国家和社会对我们的殷切希望。

为此，我决定重返生产第一线，誓与公司共存，做到不成功誓不罢休。我真心希望各位能充分体谅我的心情，给予我大力帮助与支持。

只要能获得各位的真诚协助与热情支持，作为回报，我头脑里睿智的灵光定会再现，一定能找出摆脱目前危机的灵丹妙药。当然，对此你们如果有了好的想法和建议，也请毫无保留地贡献出来。对我来说，它必将激励和鞭策我做得更好。我坚信，集各位的聪明才智于经营上，这种集思广益的做法才是让我们渡过难关的唯一出路。

编者语

讲话中谈到的"竿头"一词，来自佛家语中的"百尺竿头更进一步"。比喻虽已达到了很高的境界，但不能满足于现状，还要进一步努力之意。在此，松下幸之助想要告诉大家的是，决心迈出这一步的自己，绝对不能再有所闪失。因为，他要保护与自己一起前行的众多员工以及他们的家人。为了这些人，为了日本社会，他决心身先士卒，表明了愿意积极推行"集思广益"式经营的强烈志向。

松下幸之助不仅自己积极开展"集思广益"的活动，还经常向下属提供独特的指导方式。例如，在某制造部门的经营状况恶化时，他立即把该部门的负责人叫过来，大声训斥："你经常倾听大家的意见吗？我想，你是因为不听（员工的心声），业绩才会这么差的。回去多听听大家的意见！"大概是松下看透了他独断专行的性格。但是，该负责人似乎对松下的批评并不买账，他认为自己已经为此尽了最大的努力。因此，他向松下诉苦："我让他们提过意见了，但他们就是什么也不肯说。"对此，松下幸之助又说："你啊，脸太难看了！这种凶巴巴的脸，谁也不敢靠近你，即使有意见也不敢说给你听。我建议你每天早上洗脸时多照照镜子，好好琢磨琢磨自己的这副嘴脸吧！"其实，松下是意在点醒他，希望他能多倾听群众的意见。

36　品牌效益

　　绝不能让顾客的信赖只留在每一件商品上，必须让他们依赖于松下品牌，这才是真正的生财之道。

　　对于经营，大家都有许多不同的想法与看法。很多人认为，只要商品卖得好，公司赚钱就是成功的经营，但我认为，它只能算是成功经营的初级阶段。对我们来说，最根本的是用某种形式把松下电器对经营的看法用具体的形式表现出来，形成一种固定的经营理念，而这种经营理念应该成为松下电器全体员工共同的经营意识，而每一位员工都必须成为这种经营理念的表现载体。如果我们每一位员工都能这么想，他们就能在实际的销售工作中，积极主动地对外大力弘扬松下电器的这种经营理念了。

　　一般来说，外部人不会把每一件商品的好坏作为衡量松下电器的第一选择，他们更希望了解的是松下电器的经营理念。因此，即便有个别商品不能满足他们的需求，但只要他们认同了松下电器的经营理念，届时他们会自然地想到自己是与拥有那种经营理念的松下电器在打交道，问题早晚会解决，没必要担心的。所以，我们必须做到的是，让社会尽早认可松下电器的这种宏伟的经营理念。

只有各位也能充分认识到它的重要性，在日常的工作中，作为实践者广泛推广此项活动时，我作为营业本部长才有可能圆满地完成自己的营销使命。此外，你们也必须对自己抱有信心，相信自己所说的话有人愿意倾听，能够吸引更多人的关注。

松下电器的经营理念就是我平时常向大家讲的那些内容。正如各位所知，公司对所有经销商以及一般消费者的经营理念就是"共存共荣"的双赢精神。因此，无法取得双赢成果的经营者，不能算是真正意义上的成功生意人。我希望把"共存共荣"精神灌输给公司里的每一位员工，同时也希望向外界广泛宣扬这种双赢的经营理念。

今后，我们也许会有一些价格高、质量差的产品问世，社会上也会对此提出尖锐批评。此时此刻，你们不能只心存困惑，束手无策，应该立即坦率地承认自己的错误，做到知错就改。并且，必须明确地向客户解释清楚这种产品不符合松下电器的经营理念，是违背松下精神的商品，它不代表松下产品的真实水平，同时，全力取得他们的谅解。此时此刻，你们反倒是应该挺起胸膛自信地说出："这不是我们的真实产品，我们一定会生产出让你们真正满意的好产品。"

总之，绝不能让用户的信赖只留在每一件商品上，必须让他们依赖松下品牌，这才是真正的生财之道。换句话说，就是让每一个用户表现出渴望购买松下品牌的商品。

综上所述，我们应该认识到，今天的松下电器已经开始了向"社会公器"转变，新的松下电器重新扬帆起航了，过去几十年我们一直为实现这种信念而努力着，今后我们还将为实现这种信念而继续努力奋斗。我希望，每一位松下电器的员工都能为完成公司的光荣使命而尽心竭力。

编者语

在发表上述谈话的第二个月，松下幸之助从代理店那里听到了这样的故事。有位顾客想要购买松下品牌的商品，恰好店里没有存货，店方就推荐了其他公司的产品，但那位顾客没有买就回去了。从这件事上，松下深深地感到，自己为生产和销售无愧于松下品牌的商品付出的努力终于有所回报了。从那以后，他多次向员工阐明了商标和品牌的重要性。

"最近，很遗憾市场上出现了有损于公司商标的产品。不久前，我痛斥了某厂的主要负责人，我说你的产品不配使用我们公司的商标，以后你的产品就别用我的商标了。事实上，只要有一种有损于我公司商标的产品上市，它影响的将是整个松下电器的信誉。"

松下还说过："如果你们认为现在可以躺在松下商标下睡安稳觉了，那就大错特错了。事实恰恰相反，松下品牌是靠我们过去的努力和实力艰难创立的，保持和维护品牌信誉比创立品牌信誉更难。今后，我们不仅需要为它做出周密细致的维护计划，还需要为此付出更多的努力。

　　"我们在追求每天营业成绩的同时，绝不能放弃对维护品牌影响力的重视，否则我们就不能构筑光明的未来。但我要提醒你们的是，如何掌握客户对我们的信赖程度，这是很难靠数据来判断的。"

37　快乐工作

　　我相信，在爵士乐的伴奏下，在竞技体育的氛围中，快乐工作是最理想的工作方式。

　　各位，你们是不是觉得，最近我们销售的电器产品价格有点高？虽说与市场上同类商品的售价相差无几，目前我们也必须按相同价格出售同类商品，否则就无法开展经营，但你们难道不对此感到遗憾吗？眼下，所有厂商都必须按法定牌价（政府统一定价）销售商品，但政府定价也实在太高了，我对此很不满意。由于生产力低下，不能给消费者提供相对便宜的商品，是我们给国民添了麻烦，我心里实在是过意不去。因此，如果不扭转生产力低下的局面，即使按照现行较高的法定牌价销售商品，我们与消费者彼此都无法受益，生活永远也好不起来。我深深地感到，我们松下电器今后必须倾尽全力去解决这个问题，我们的首要目标就是生产出更多物美价廉的商品。

现在，日本国内的生产状况极其恶劣，日本人的生活现状十分窘迫。在明知必须增加生产的情况下，却因问题积重难返，一时难以改善。所以，我希望你们能充分认识到，尽早改善这种状况是我们松下人必须承担的光荣**使命**。

现在的问题是，你们的收入不能降低，反而需要不断提升，我们还要向市场提供物美价廉的商品。说到底，除了扩大生产之外，我们无路可走。我认为，应该以电器产品为先导，逐渐将其扩大到整个制造业。我希望，你们要认清目前的局势，更加奋发图强，努力增加产量。最终，我们能做的只有增产，必须千方百计地扩大生产。

最后，我向诸位提个要求，希望你们能对时局有一个清醒的认识，自觉履行制造者的职责和义务，并为此加倍努力工作。但在具体的实施过程中，如果你们只感到了痛苦而没有享受到欢乐的话，这种人生毫无意义可言。同样的人生，我希望你们能轻轻松松、高高兴兴、快快乐乐地度过每一天。我相信，在爵士乐的伴奏下，在竞技体育的氛围中，快乐工作是最理想的工作模式。我们不能为完成工作做出牺牲，应该在享受工作的同时，在希望和欢呼雀跃中收获每一天的工作成果。

我期待，你们能与我心往一处想，劲往一处使。当然，环顾眼前生活，我们身边充满了烦心事，但我希望大家能看得开，想得开，只有这样才能做到快快乐乐地享受自己人生的每一天。

编者语

二战后，松下电器生产的产品中，市场需求最大的产品之一是电暖炉。但是，在当时的经营环境中，增产这种热销商品很难，经常出现产品供不应求的情况，导致商品被加价出售，在市面上时常以几倍的价格被兜售。在这种情况下，松下电器的某经营高管曾建议过，能不能在供应市场前提高电暖炉的出厂价，增加本公司的利润。但松下幸之助严厉斥责他说："这样做肯定不行！"

公司是"社会公器"，有责任为社会"提供更多物美价廉的商品"，这是松下幸之助几十年来始终信守不渝的理念，即使是在那么严峻的形势下，他依然不为金钱和利益所动。并且，他还要求每一位松下人都能继续保持从战前一直传承下来的"享受快乐工作，享受快乐人生"的松下传统精神。

38 遵守法则

经商和经营事业都不能违背自然法则，否则，事业绝不会成功。

随着人类智慧的增加与科学技术的进步，迄今为止那些无法创造的东西都有可能变为现实。然而，这一切必须是在顺应自然发展规律的前提下才能得以实现，否则，这一切绝不会取得成功。

人类拥有的聪明才智可以发现宇宙的原理和大自然的法则，但绝对不能创造和改变它们。然而，随着智慧的增加，人类变得骄傲自大了，他们忘记了这条真理，认为所有这一切都可以通过自身力量来实现。这才是造成一切过失的根本原因。

不光是科学，政治、经济、经营、生活等，人类活动的方方面面，都必须立足于自然，遵循自然规律，遵守宇宙法则。只有顺其自然，遵守法则，人类才能生存，才能繁荣幸福。希望你们能深刻认识到这个问题的重要性。

经商和经营事业亦如此，都应该遵守自然法则，否则，事业绝不会成功。即使一时侥幸取得成功，但早晚会自食其果，事业必将走向衰败。

在制定新的销售方针时，人们常议论的是要"迎合顾客的心理变化"，其本意就是要主动迎合自然发展的客观规律。只有顺其自然，才能捕捉住人心之细微的变化。从小乘佛教的角度看，只能看到迎合了人心的一面，从大乘佛教的角度看，自始至终都必须主动顺应天地自然之发展规律。否则，是不可能真正抓住人心的。

39　拼命与成功

　　"只要我拼命干了就一定能成功"，这种想法大错特错。今天，即便你付出再大努力，舍命去干了，也不见得一定会成功。

　　过去三十年，松下电器表面上经历了千辛万苦，但实际上经营一直比较顺风顺水，基本上都获得了成功。所以，我们并没有真正体验过失败的痛苦。倒不如说，每当遇到危难时，我们早早就预想着成功时的喜悦，大家的头脑里从来没有过失败的意识，就这样我们顺利地走到了今天。我相信，公司里的那批老员工头脑里或多或少都有过这种特殊的感觉。

　　所以，今天这种一直成功的感觉逐步变成了某种安逸感，潜意识中演变成了只要拼命干就没有干不成的错觉。只要拼命干就一定会成功的想法绝对是错误的。今天，即便你付出再大努力，舍命去干，也不见得一定能成功。但我也希望各位能清醒地认识到，若想获得成功，我们必须先付出绝对的努力，除此之外也没有其他路可供选择。

今天，在场的员工大致可以分成两类人：一类是在公司面临危机时感到不安和动摇的人，另一类是认清了当前的危机而拼命努力去化解危机的人。但是，在此我想告诉各位的是，后者仅凭这腔热情和苦干还远远不够，正如我刚刚讲到的那样，他们还需再前进一步，应该付出"绝对努力"才行。并且，还应该向前者，那些感到不安和动摇的人伸出援手，用自己的行动感化他们，让所有的人都能意识到，如果我不能成为那个"付出绝对努力的人"，成功是非常渺茫的。

我们"必须团结一切可以团结的经营力量"，举全公司之力摆脱目前面临的危机。这就是我向你们提出的希望和恳请。

40　公开致歉

> 我深表歉意！诚惶诚恐地向全体员工说一声对不起。

首先，必须求得各位谅解的是本月的工资不能按期全额支付给你们了。对此，我深表歉意！诚惶诚恐地向你们说一声对不起。在本月的法定发薪日，我只能付给你们一半的工资，剩余的工资将在十一月十日之前，再分期支付给你们。

松下电器成立三十多年，其间也曾有过资金周转不灵的情况，但从未发生过在法定发薪日无法按时发放工资的情况。今天，公司给你们各位带来了很大麻烦，我个人和公司都感到非常遗憾。但是，因为实在筹不到钱，今天我只能怀着内疚的心情，向大家公布此事。

我们的经营为什么会陷入如此困难的窘境呢？一是产品销量急剧下滑；二是资金回笼情况极不乐观，导致资金周转困难。今天，为什么产品销路会不畅呢？首先，是因为农村经济的不景气。举一个我之前从和歌山近郊的农民那里听说的例子，今年南瓜种得非常多，可是很难卖出去，因此价格下降到一贯（约 3.75 公斤）只卖八日元。据说，去年一贯还值二十到三十五日元，而且全都轻轻松松地卖了出去。另外，去年白薯能卖到四十到五十日元，但今年只能卖到十五到二十日元。因此，农民的收入减少了很多。况且，更让他们难受的是，去年只需缴纳四万日元的税金，今年却说要上缴九万日元。

当然，各地农村的实情多少有些差异，但总体来看都大同小异，经济都急剧恶化。从政府的预算来看，去年是两千亿日元，而今年是去年的两倍，总预算支出为四千亿日元。与去年相比，今年政府税收必须翻倍才行。这种情况直接导致农民的购买力下降，间接影响了生产家用产品厂家的销售额。这种情况持续下去，一定会进一步波及所有阶层的人，导致购买力全面下降，公司的产品将会更难卖出。

其次，是因为公司的产品涨价了，所以卖不出去。随着政府发布了七月份物价改正指令，公司产品所需原材料的价格上涨了五成至三倍不等，再加上交通费、邮费、电费、运输成本等上涨，在这种形势逼迫下，公司的产品也不得不涨价了。以涨价为分水岭，产品的销售额骤降。

以上均为间接原因，最后，最直接的原因是其他厂商仍然按照原有价格继续销售产品。当然，公司若想保证经营，也必须出此下策。现在，最主要的问题是其他厂商不提价，对此我问了一下情况，他们说："即便你们松下电器提了价也有可能卖出去，而像我们这样的厂家一旦提价，根本卖不动。实际上，我们也进退两难。"其实，其他厂商也同样陷入了困境。如果只是销路不畅还好说，最难的是回收货款变得越来越艰难。再说说金融，这件事我也经常向你们提起，正如各位所知，在这方面我们真是无能为力了，一点办法也没有。

编者语

迟发和分期支付员工工资让松下幸之助很丢面子，但他还是亲自出马向全体员工低头表达了歉意。面对这场生死攸关的经营危机，他没有选择逃避，而是敢于面对现实，从始至终都表现得光明磊落，愿意与员工分享经营的详情，做到了他之前承诺的"透明经营"。

松下幸之助说："我一个人也不想解雇，但对于那些试图搞垮公司和企图妨碍正确经营的人，我会坚决要求他们辞职。对于除此以外的任何一名员工，我希望他们都能坚定信念，相信只要我们相互扶持就一定能共渡难关，一定能创造一个繁荣似锦的未来，一定能创造出公司与个人双赢的美好局面。我们必须清醒地认识到，迄今为止，我们一直是靠着我们的商标，仰仗着老本过活。我愿意当着全体员工的面公开我的信念，只要是合情合理的工资，该涨的一定会给你们涨的，同时，也希望你们对我提出的合理工资方案予以认可。只有我们双方在工资上尽快达成一致意见，才能让那些有工作干的人感到工作有干头，让那些工作效率低的人也能相信自己会成为带给公司繁荣发展的力量之一。"

那个时代，各企业陆续成立了工会，经常发生劳资纠纷。尽管如此，在松下电器最困难的时候，公司里的工会组织还是带领全体员工联名向 GHQ 提交了请求赦免松下幸之助被指定为受驱逐公职人员的请愿书。从这件事上，可以看出松下幸之助与公司员工之间的关系是多么亲密无间。

41 品味人生

只有既品尝过背运又品尝过好运这两种滋味的人，才有资格谈论人生。

去年确实是我们经营的多事之秋，非常艰难的一年，但我非常感谢大家在这一年里为公司所做出的努力和贡献。尽管如此，很遗憾的是，我们努力的结果目前还没在经营上充分体现出来。公司对员工们的努力回报还非常微薄，连奖金都没给你们发放，这是前所未有的事情。另外，定期加薪也暂时推迟了。公司经营陷入如此困境，我作为经营者实在脸上无光，必须向各位表示歉意。但是，不管怎样说，我们即将送走最糟糕的一年，迎来充满希望的新春，我觉得这应该是一件值得高兴的事情。

我想，在漫长的人生中，我们总会有走背字的时候，也会有扬扬得意、欣喜若狂的时刻，这样的人生才有滋味，才有深度，我认为只有品味过这两种滋味的人，才有资格谈论人生。这是公司成立以来我第一次有了这种切身体验，从今往后，我们松下电器也第一次具备了谈论社会、人生、事业的资格了。

　　细细想来，去年是很糟糕的一年，但也未必是最糟糕的一年。某种意义上，对我们来说，应该是真正有意义的一年，因为我们因祸得福了。我们学到了在困难的情况下，要看到光明和前途，掌握了把坏事转化成好事的看问题和解决问题的本领，从而为我们事业的成功奠定了坚实的思想基础。希望大家也能像我一样看待这个问题。

42 创造利润

从早到晚忙工作，做事不能白忙活，一定要拿出成果效益来，业绩不能等于零。

大家从早到晚都在公司忙工作，但做事不能白忙活，一定要拿出成果来，业绩不能等于零。你们工作的成果就是要为公司创造出利润，没有效益的经营，做得再多也毫无意义。想想看，投入几亿资金，动用上千台设备，占用数百栋建筑，七千多人从早忙到晚，夜以继日地忙碌着，竟然无法创造利润，这说得过去吗？我们不创出利润，国家就会逐步贫困，公司就会逐渐式微，全体员工就会慢慢贫穷。为此，我们绝不能让自己的工作变为无效劳动。

所以，你们必须充分认识到，作为产业人，忙碌一天的工作成果绝不能等于零，一定要创造出成果来。只有取得经营成果，国家才能繁荣，公司才能昌盛，员工才能幸福。否则，这里就没有你们存在的意义，松下电器也最好趁早关门歇业。

编者语

那个时期是松下电器经营状况最糟糕的时候。晚年，松下幸之助在回忆那个时期时说起："那是我一生中最失魂落魄的时候。"

那时，不仅推迟了发放工资，还招募了自愿退职人员，并着手精简机构，裁减员工，公司陷入了濒临倒闭的困境。一九四七年时，公司还有不到八千的员工，到一九四九年发表这个讲话时，员工人数已经锐减至五千六百。松下幸之助被GHQ指定为财阀家族，个人的资产被冻结不能随意动用，在日常生活都很困难的情况下，他不得不向关系亲密的朋友借钱给公司使用。

但在同年的十二月份，松下本人终于被解除了财阀家族的限制令，再加上大量特需商品的订单，日本经济终于迎来了转折期。随着GHQ逐步解除了对被指定为受限制公司的各种限制令，一直忍气吞声艰难经营的松下幸之助及松下电器终于可以扬眉吐气地搞经营了，在他们的拼命努力下，终于结出了丰硕的成果。

43 赏罚分明

为了营造同心协力的风气，先要做到公平公正和赏罚
分明。

经营最重要的是营造同心协力的氛围。制定出再好的
经营方针，如果各部门之间相互设壁垒，不配合，就会消
耗彼此的成果，最终经营也会朝着亏损的方向发展。

因此，营造同心协力的风气，先要做到赏罚分明。每
家公司都有许多人在工作，其中，有懒惰的人，也有热
心、勤奋的人。对于不同人的所作所为，我们不能不分
青红皂白一视同仁，要区别对待。应该给热心、勤奋的
人提高待遇，要求那些懒惰的人改正毛病。一定要做到公
平公正和赏罚分明。

在以前的工作中，我们有忽视这个问题的倾向。因
此，即便呼吁大家同心协力共同奋进，也很难获得振奋人
心的效果。为此，从即日起，我准备在今后的经营方针中
明确写入赏罚分明的具体条款。

44 不独断

绝不可以仅凭个人意见就做出判断。

想要在工作中做到万无一失，就应该认真遵从公司的方针、计划和传统，之后在此基础上充分发挥个人的作用。一个人的智慧无论多么出众，也只能像黑夜里的灯笼一样，光亮有限。总是坚信自己的想法和决断是正确的，这种独断专行的做法会使公司陷入不利的境地。特别是职位高的人，必须深谙这一点，在做出任何决断之前，应该请示上级的领导，向周围的同事征求意见，经过仔细推敲，争取做到三思而后行。不顾公司传统，忽视既定方针，只根据自己狭隘的主观意识做出判断就付诸行动，这种人的才华越出众，努力越多，带给公司的痛苦就越大。

拿我个人来说，在战争结束之前，所有人都认为是我把自己的想法作为了公司的经营方针，按照个人意愿经营松下电器。但我可以明确地告诉你们，这些想法和决策不是靠我一个人拍拍脑袋就能想出来的。紧随社会发展的进程，顺应日本的大政方针，坚持优良的传统，同时倾听员工们的心声，松下电器就是在此基础上形成了独特的经营方针。大家眼里看到的是由我做出了决定，可能认为我在做决断。其实，在做出任何决断之前，我始终都做好了顺应的心理准备，可以说，任何决断都不是我一个人的判断。如果真让我一个人拿主意，我反倒会惶恐不安，摇摆不定。现实中，我总是把注意力放在社会发展的趋势上，心里永远装着国家的传统和社会的正义，我只是希望在此基础上充分发挥出自己的作用而已。我的这种顺应心态最终演化成"改革发展精神"，后来成为松下电器必须信守的"七大精神"之一。

今天，各位都是通过松下电器与社会关联在一起的，所以，我也希望各位能保持这种顺应心态。当然，不仅是在公司的经营上，在日常生活中，保持这种心态也尤为重要。如果只专注和强调事物的一面，就容易忽视其背后涌动的巨大能量，从而导致遭受"意想不到的失败"。为此，你们要学会观察自己身后的那些派系、人情以及人脉等，通过不断历练，争取让自己早日适应这种复杂的社会关系。

此外，上级越信任你，你就越不能辜负上级的信任，在处理问题时，心中时刻都要装着向上级请示汇报的想法。绝不可因上级的信任而骄傲自大，学会谦虚谨慎和克己慎行尤为重要。

我与你们都是参与公司经营的领导人，所以，我对你们的批评会毫不留情面的，也绝不会有所保留。并且，我也希望你们能早日养成顺应的心态以及谦虚谨慎的态度。

时至今日，由于松下电器顺应社会，品尝了成功的喜悦，所以，我希望公司里的每一位员工也能以同样的心态，顺应公司，遵循公司的方针，遵奉公司的优良传统，在此基础上，充分、自由地发挥出各自的聪明才智。我相信，这必将进一步提升我们的工作效率。

在狂风暴雨中，松下电器已经重新扬帆起航了。让我们在各自的工作岗位上再加把力吧！让我们制造出让社会满意的好产品，让公司在世人的感谢中不断茁壮成长，让大家的钱袋子都鼓鼓的，在此基础上，让我们共同建设一个繁荣的公司，建立一个昌盛的社会吧！

编者语

　　松下幸之助常说:"松下电器的经营不是我一个人的事情,需要集众人智慧,靠全员参与才能完成。但在公司的最终决策上,领导要有责任意识,要敢于承担拍板的重任。"在面对重大危机之际,他再次强调了领导的这种做事姿态的重要性。

45 经营法宝

有一点本公司绝不输于任何对手，也绝不允许任何公司超越，那就是松下电器特有的"经营的基本理念"。它是我们战胜任何对手的经营法宝。

按常理，在激烈的竞争中，肯定会有一方倒下，一方崛起。这样，必然会产生怨恨对手的心绪。

但我认为，竞争是一项体育竞赛，打倒对方是目的，斗志不应该助长怨恨对手的心理；竞争的本质在于相互提高实力，其目的必须是服务于社会的繁荣。如果把心思更多地放在制造出物美价廉的产品上，这种相互促进的良性竞争，值得我们尊崇。

有可能引发经营危机的降价行为，实属不正当的竞争；故意忽视产品差别而抛售商品的操作，对自己和同行业者都会造成损失，最终还会伤及社会。

另外，竞争再激烈，也不要因此埋下相互仇恨和妒忌的种子。我们的目的都是实现社会的繁荣，竞争会让我们得到历练和提高，但稍有不慎，就很容易忽视这个根本性的问题。不要陷入为了竞争而竞争的怪圈不能自拔，不仅是竞技体育，商道中公平竞争也十分重要。

输了也不必悲观。对我们来说，重要的是能以此为动力，重新振作起来，努力生产出更好的产品。这就是竞争的好处，竞争的真正价值所在。举一个极端的例子，如果同行能提供物美价廉的零部件，即便是直接的竞争对手，我也会毫不犹豫地从它手中采购，并制成自己的产品后，向社会提供更价廉的商品。我不会对这种行为感到一丝羞愧。

通常情况下，我们会内疚，会因赌气而不愿意购买竞争对手的东西。但是，如果考虑到我们是在履行建设繁荣社会的使命，就不该有顾虑。我相信，这么做也是顺应天理的行为。因为就算再懊恼，在你无法生产出好的零配件，不能造出高质量、高性能的产品之前，你需要做的只能是努力增强自己的实力。

最终，胜负取决于产品的质量。竞争不应被私人恩怨左右，经商是"为公"，我们应该放眼全世界的市场，我们不应该在日本这个狭窄的土地上争高下，应该在世界市场上堂堂正正地做好自己的生意。在此之前，我们要努力研发，提高产品品质，提高松下电器在国际上的品牌信誉。

各位是否清楚，与其他厂商相比，我们公司的强项到底是什么？在机械、设备、资金和产品上，我们有许多长处，但有些厂商一点也不比我们差，甚至还远远超过我们。有一点松下电器绝不输于任何对手，也绝不允许被任何公司超越，那就是松下电器特有的"经营的基本理念"。它弥补了我们公司的许多短板，造就了我们今日的成功。

松下电器的经营理念是在一九三三年五月五日公司创业纪念日大典上正式颁布的，其宗旨是：为了社会的繁荣，我们要像滔滔不绝涌出的泉水那样，不断地大量生产出电器产品。从那以后，我们从没放弃过这种信念，并一直专心致志地把它落实到公司的经营上，直至今日。今后，我们仍将一如既往地坚持下去。

不久前，CCS（联合国军最高司令官总司令部民间通信局）的官员为提高日本通信设备的技术水平煞费苦心，经过调研，终于发现问题是日本厂家还没有掌握真正的经营理念，于是决定为企业的经营管理人员开设经营培训讲座。

在讲座的开场白上，开讲人先强调的是让大家明白"为什么经营"的道理。其实，这与我公司十八年前（1932年5月5日）明示并一直坚持践行的经营理念完全吻合。听了开讲人的这番话，我虽然觉得没什么值得骄傲的，但高兴的是他印证了我们的坚持一直都是对的。

然而，松下电器值得自豪的经营理念却在这十年里被逐步地淡忘掉了，我们没注意到自己怀里还揣着至宝，倒是美国来的年轻技师让我如梦方醒，恍然大悟。事到如今，这个责任该由谁来负，已经没有探讨的必要了，完全是由那个时代的形势造成的。

但是，在燃起重建希望之火时，我们应该重新认识到松下电器的经营理念是绝对正确的，是出类拔萃的，应该引以为豪，并必须把它贯彻落实到经营的各个领域里。如果我们能把这种经营理念继续发扬光大，我们的公司将会沿着一条繁荣的大道阔步向前，那时，我们将跨出国门走向世界，成为活跃在世界市场上的松下电器。

回顾我们一路磕磕绊绊走过来的艰险历程，你们一定会把我现在说的话当成是痴人说梦。但是，如果大家都把为社会繁荣做贡献的使命铭记在心，并在各自的工作中充分发挥这个信念的价值的话，我相信，我们一定会迎来繁荣幸福的生活，公司也一定会迎来繁荣昌盛的未来，这绝非一纸空谈。

有了信念，心胸会更开阔，前途会更光明，未来会更充满希望。让我们从现在起，将松下电器的法宝——经营理念发扬光大，为社会的繁荣昌盛做出贡献吧！

编者语

在这次演讲的前一年，松下幸之助面临着个人的经济危机，因交不上税金的罚款，被媒体称为"税金的拖欠王"。在这种背景下，他公开发表了上述想法，目的是鼓舞员工的士气。

松下幸之助晚年曾讲过："成功的秘诀就是坚持再坚持直至成功。"可以说，正是有了这种基于经营理念的社会使命感的支撑，他才真正做到了坚持到底，永不言败。

第三章

摆脱停滞与衰退

主动代理营业本部长，重返工作现场

高速成长的日本家电产业逐步呈现衰退的迹象，日本的经济危机悄然而至。早在举办东京奥运会的一九六四年夏天，松下幸之助就察觉到危机即将到来，他把这种困难视为改革的良机。那时，已经成为松下电器会长的他毅然主动代理了营业本部长，直接指挥销售部门的干部和公司骨干奋斗在经营的第一线，起到了领导的表率作用。我们从一九六四年至一九六五年松下幸之助有代表性的讲话记录中，重点选取了当时他重返经营一线时发表的部分言论。

引　言

战后迅速发展的日本家电产业也受到了经济不景气的影响，松下电器所属的销售公司和代理店受到的冲击最大。面临生死攸关的紧急关头，松下幸之助断然采取了应对措施，召开了被世人称为"热海会谈"的紧急会议。

一九六四年夏，日本全国一百七十家销售公司和代理店的负责人云集热海的某宾馆，举办了恳谈会，为各方共同讨论现状及相互了解实情提供了机会。会上，各方都大倒苦水，披露心声，口吐不满，原计划两天的日程又延长了一天。第三天，松下幸之助做了总结性发言。

"这几天，我仔细地想了又想，一言蔽之，这一切都是松下电器的错。原本，应该自主经营的各位老板，是我让你们产生了对松下电器的过度依赖，对你们的关照方式不妥当，我真心向你们道歉。松下电器能有今天，完全是托了你们的福。从现在起我要重新考虑与你们之间的贸易方式，并利用今天的机会向你们郑重承诺，我一定会让你们稳定地经营下去。"

最后，松下幸之助眼含热泪结束了这番话。"热海会谈"后，松下立即开始了大刀阔斧的改革，他代理营业本部长一职，每天按时到营业本部上班，在短短七个月的时间里，召开了十多次全国营业所所长会议。他身先士卒，以身作则，奋战在改革的最前线。在他的直接指导下，建立了全国性的营销公司网；改革了销售制度与体系，确定了不再通过营业处而由事业部直接负责的直销制度以及新的月销制度等。

对那段改革，松下幸之助是这样评说的："松下电器从创业之初直至今日，不仅是对经销商和代理店，甚至是对整个社会，从来都没有想过要隐瞒自己的经营方式。虽然在此期间经历各种动荡，但每次动荡过后经销商和代理店对我们的信赖不仅没有减弱，反而进一步加强了。可是，偏偏是这次它们出现了动摇，我觉得很蹊跷。松下电器的基本方针没变，那么问题究竟出在哪里呢？我觉得，有可能是出在贯彻落实基本方针上，应该是在向经销商和代理店传达过程中出现了偏差。"

松下幸之助及时发现了问题不是出在经营理念上，而是在践行理念的过程中出现了偏差。因此，这次改革没花费更长时间，很快就取得了显著的成果。从营业利润上看，比上一年利润减少的只有一九六五年，而在一九六六年，营业利润和营业利润率都大幅超过一九六四年度的计划。并且，通过改革，不仅巩固了国内销售的基础，同时也迅速开拓了海外市场，为松下电器在二十世纪六十年代后期的经营打下了坚实的基础。这次改革取得了巨大成功，彻底摆脱了停滞与衰退的危机。

领导必须具备"见机而行"的本领。松下幸之助一百个知道自己以会长的身份代理营业本部长所产生的负面影响，但他更懂得"非常之时需行非常之事"的道理。可以说，这个时期正是松下幸之助果断的决策能力起到了重要作用，才帮助松下电器摆脱了危机。

46 鞠躬致谢

不要以为让我赚钱了，我就应该心存感激。单凭这一点，还远远不足以让我们鞠躬致谢。

大家必须有一个清醒的认识，我们的利润与全体国民的福祉息息相关。这种关系不以我们的意志为转移，必须成为我们对未来事业的基本看法。

也许大家都知道，我们国家的某一个行业，拥有几十万从业者在工作，拥有数千亿日元的资本在运行，但是在过去的十年里从来没有交纳过一分钱的税金。据说，是因为不赚钱，所以不用交税。相反，我们国家为了稳定该行业，还相继投入了数千亿日元。与其形成鲜明对照的是，我们松下电器只拥有其十分之一的人力和资本，但在过去的十年里向国家缴纳了数百亿日元的税金。国家用这部分税金修建了公路，补贴了社会福利，还支持了文化教育事业。

每当想到这些，我都会感到松下电器制定的"追求适当利润，为国家与社会做贡献"的方针是何等的英明。正因为我们追求了合理价格，所以才产生了这样高的价值。作为松下人，都应该为自己能参与这种经营而感到自豪。

"因为公司让我赚到钱了，所以我心存感激，努力工作。"我不认为这种想法有什么不好，但理由似乎不太充分。我认为不单是因为赚到钱了而对公司心存感激，还应该在自己作为社会的一员因尽到职责而获得了认可这一层面上心存感激。所以我们必须对公司鞠躬致谢。

编者语

我们习惯向他人鞠躬致谢。最初是商人为表达对客人的感谢之意，后来演变成日本人的重要社会礼节。松下幸之助在这方面做得很到位，甚至有员工都惊讶，他鞠躬有时比其部下的弯腰程度还要高一些。松下电器第三任社长山下俊彦也曾在自著《我也当上社长了》一书中对此有过描述，他说松下社长鞠躬的姿态"实在令人无法模仿"。

松下幸之助一直强调，不是因为我是生意人，你让我赚钱了，我才鞠躬致谢的，而是因为公司是"社会公器"，是你们认同松下电器履行了社会责任，我才有意向你们鞠躬致谢的。听起来，这种解释更有说服力。

47 早期诊治

及早发现各种已存病根，尽早实施对症治疗。

仔细观察后，我才发现松下电器浑身都是病。作为一名企业领导，问题在于你能不能尽早发现这些病根的存在。发现了病因，即便立即着手诊治，也不见得能立马痊愈。病情发展到一定程度后，要想治愈，需要耗费一定的时间。

比如，当我们发现某个部门经营上出现错误时，它的问题应该发展到了相当严重的地步。即便立即着手纠正，因为积重难返，恐怕也很难得到有效解决。它与疾病一样，都有一个发展过程。当我们绞尽脑汁想出了解决办法，并采取了纠正手段，终于使错误不再延续后，再想让它恢复原状，至少需要一两年的时间，有些部门甚至可能需要三年以上的时间。当然，也许有些病一针下去就能立马见效，病情就不再持续恶化了。总之，情况错综复杂，这里面还有许多问题值得我们去深思和探讨。

现在，松下电器到底哪里出毛病了，我就不在此一一列举了。公司涉及的领域那么广泛，有问题是必然的。今天是我们创业纪念庆典的大喜日子，在这里我就不提这些不高兴的事情了。当然，即便我不提，公司早已疾病缠身，已经是不争的事实。

对此，我们必须有所警觉。要及时发现病因，尽快想出治疗方案，最后找出对症下药的根治方法。另外，我们也需要仔细挑选一名好医生，请他来看病。总之，正如你的健康不仅需要你本人在意，也需要医生来帮忙那样，我觉得，公司总部也应该像医生那样，时时刻刻地关注每个部门的情况。

某种程度上，那些能及早发现问题并能对各个部位的小毛病及时酌情处理的公司，就会健康，就能持续发展。而那些发现问题不及时，发现后又不能妥善解决的公司，内部就会麻烦不断，病情也将四处扩散，最终会不得不接受重大手术。

松下电器是幸运的，应该说，迄今为止还没患过致命的大病，但小病可以说从没间断过。对此，我们都及早发现，并及时施治了。这才是我们能成功发展到今天的根本原因。

今天我们面临的病种越来越多，患病的风险也越来越高。以前，我们生产的产品单一，只有患上一种疾病的可能，但现在我们生产着几千种产品，身上完全有可能经常患有几十种疾病。因此，今后我们的工作会越来越难做。

但是，不能因为难做就置之不理。就算增加了再多的部门，也必须确保所有部门健康无恙。为此，我们需要不间断地开展诊疗，尽可能保证不出问题，这就是位居经营核心地位的各位同事们的职责所在。

我希望，你们能多抽出时间考虑这方面的问题，只要把自己负责的部门与其他部门多做对比，就会随时发现本部门的脉搏有点快，这里有点发烧，脸色有点难看等。如果你根本不关注，甚至认为只要能喘气身体就健康，长此以往，你负责的部门就会病入膏肓，甚至达到不可救药的地步。事关重大，切不可掉以轻心！

今天，我竟然在如此欢喜的日子里讲出这番话，是因为我察觉到，近来松下电器出现了患病的部门。所以，我特意向大家提起这一话题，是想请各位回去后认真诊断一下自己负责的部门。当然，除了要诊断自己部门的病情，希望你们也能留意一下其他部门的情况，发现他们有问题时及时提出宝贵建议。只有全体员工共同努力，每个部门才能保证健康，才能安然无恙。

编者语

　　松下幸之助曾说过："企业与人体是一样的，也是一种生命体。""企业像人一样不断运动着，因此也会像人一样生病，一种病症产生后，也会不断地生长扩散。当我们发现后，再想去解决时，却无法立刻纠正过来。"

　　松下幸之助一直秉持这种看法。松下电器第四代社长谷井昭雄在担任录像设备事业部长时，向松下幸之助报告了自己部门的业绩是赤字的结果后，松下问："你知道在人体上赤字意味着什么吗？它像是从人体里流出的血液一样，如果血流不止，你知道后果吗？"谷井回答说："血止不住，会死人的。"松下接着说："是吧！不死亡，就必须立即止血！"这句话让谷井重新振作了起来，他说："我从此渡过了难关。"

48　预算方案

　　办公桌上制定的预算方案纯属纸上谈兵，看上去合情合理，但在生意场上不一定行得通。

　　我们做生意的原则是，没必要花的钱，一分也不花；有必要做的事，没钱借钱也要做，特别是在商品营销上，更应该舍得花钱。一般来说，做销售的都是事先做好预算，事中在预算规定的范围内花钱。我认为，办公桌上制定的预算方案纯属纸上谈兵，看上去合情合理，但在生意场上不一定行得通。假设，你告诉客户"我没做这笔预算，还得请你再等等"，我想此时此刻没有人会等你，这笔生意的收益很快就会流向其他商家的腰包。

　　现实中，这种情况似乎司空见惯。前一阵子，高桥荒太郎副社长也碰到了类似情况。他召集九州地区的专柜店（在以经销松下电器产品为主的代理商中属于最具实力的店铺）的各层领导开会时，也听到了类似的话，着实吓了他一大跳。他赶忙当面道歉，说保证今后不会再有类似事情发生，请对方放心。

　　具体情况是这样的。原来，专柜店说店里放置的写有"松下"的招牌老旧破损了，他们提出想更换一批新的，松下电器的销售部门答应了这一请求，但左等右等，一两个月都不给换。当他们再去问为什么不给换时，我方却说："没做预算，你得再等等，等我有了新预算马上就换。"明明是做生意急需的东西，却以没做预算为理由被堂而皇之地拒绝，实在让人难以接受。那位问话的人勃然大怒，说道："别的厂家天天上门来请我们卖货，要不然我换上他们的招牌怎么样？如果你认为可以的话，我立马就去办。"于是，我们的销售员说让他再稍等一下，而过了四五天，才给他换上了新招牌。

　　"照这样下去，我们还能与松下电器做生意吗？"他们警告了高桥副社长。高桥听完大吃一惊，急忙说道："这种情况绝不会再有，当然更不应该发生，这里面肯定有什么误会。""绝对没错！就是这么一回事。"他们坚持说。回来后一调查，事情果然如他们所言，对方说的那些事情就是我们的营业所和总公司的做法。

以前，我是从高桥副社长那里听说过这种事，但这次是我自己在名古屋亲耳从经销商嘴里听到了类似的控诉。这哪里有做生意的样子呀！

编者语

这是同样发生在名古屋的故事。受丰田汽车公司的邀请，松下幸之助乘车去丰田总部演讲途中，透过车窗向外张望，映入眼帘的是广阔田野中矗立着的写有"看电视用松下"的巨型广告牌。于是，松下幸之助对坐在身旁的名古屋营业所长说道："你发现了吧？那个广告牌的油漆早已脱落了，这简直就像我们花钱到处散布公害一样。为什么不修缮呢？"营业所长回答道："它属于总公司宣传部管辖，所以……"

于是，松下幸之助当场就严厉斥责他，又说道："你每周都去丰田公司两次，往返四次都能看到它，你难道就没发现它又脏又破吗？发觉它有问题，你也不通知具体负责人让他们来修缮，我说你愧为松下人！"

其实，广告牌也好，招牌也罢，都是面向全社会广泛展示公司存在意义的基本手段。对于松下幸之助来讲，他绝对不会宽容所谓以事前没做预算为借口，以不是自己负责的部门没有权限为托词的不负责任的行为。

顺便说一句，演讲中提到的高桥荒太郎是在一九三六年进入公司的，他是建立松下电器的会计制度，解除GHQ制定的各种限制措施，与荷兰飞利浦公司合作的主要负责人，是松下幸之助最信任的助手之一。一九六四年一月起，兼任海外经营局局长，为实现松下电器向海外市场进军做出了巨大贡献。一九七三年起任松下电器会长。

49 杜绝不良品

必须发誓做到今后绝不再生产出一件不良品。

俗话说，"屋漏偏逢连夜雨"，有时人世间不顺心的事会接二连三地找上你。在松下电器最困难的时候，产品又出现了质量问题。这件事连全国的代理店都被震动了。这次不是因为制度上的改革引发了震荡，应该说是产品质量问题动摇了整个销售体系。

在此，我想拜托大家与我共同努力解决这个难题。我们必须发誓今后绝不再生产出一件不良品，并对生产出的商品做出最好的售后服务。下一步该怎么办，我想请各位从事业部长的立场上出发，拟定出一个具体的解决方案。

50　生意伙伴

一定要用自己的眼睛去看，用身体去感受，选择那些值得信赖的人作为生意伙伴。

我们的商品一定要承包给那些十年后肯定能成为一流企业的专业生产厂家，或者承包给那些已经具备了这种资质的优秀厂商，交给他们我们才放心。他们接下我们的订单就一定会按期交货，不会因缺钱找我们借，不会把损失转嫁到我们头上，即便因质量问题亏损了一亿日元，他们也会考虑自己弥补经济损失。

但是，如果交给一家觉悟不高的公司，后续问题会让我们头疼不已，即使是他们自己造成的经济损失，也会到处散布说是因为与松下电器合作造成的。单就这一点，双方之间的差异真可谓天壤之别了。在经营上，找什么样的生意伙伴非常重要，不知你们有没有认真考虑过这个问题。

以前，我们松下电器还弱小的时候，我就想方设法尽量去找比自己大的公司做生意。比如，公司资产只有五万日元，而对方有十万日元，假如我们之间做生意，一旦有闪失时，关键时刻对方有能力出手帮助我们。并且，只要我们做得对，对方也会认可我们的做法，不会故意刁难我们。此外，有些公司虽然现在规模小了一点，但如果它的经营者人品好，是那种将来肯定会成功的人士，我也愿意与这种规模不大，但领导人事业心强，有发展前途的公司做生意。与它们做生意一定会双赢，买卖一定会越做越大。

但是，我觉得我们现在的做法有点离谱，我们的采购似乎订货杂乱无章，毫无目的可言。问题可能出在管理体制上，现在负责采购订货的是事业部，属于独立经营，买什么，卖什么，签什么合同，从哪里订货都由事业部长说了算。今天的事业部长们以前都亲身经历过这些事，是靠松下电器成长起来的，不用我说你们也应该十分清楚公司的一贯方针。然而，一到关键时刻你们就掉链子，问题出在你们把采购订货大权交给了那些不清楚松下电器历史和一贯方针的部下了。

我建议，从今天起，先由事业部长去见签约人，看看对方的公司规模，了解一下资金状况以及经营管理者是否具有发展前途，值不值得信赖，选定值得托付的候选人后，再把指导意见讲给直接负责的科长们，接下来的事交给他们处理就行了。如果我上面说的那些事你们都没做，没有访问过那家工厂，在科长也从来没向你报告过相关情况的时候，你就把几千万日元的合同交给对方的话，我认为这就是事业部主要领导的失职，你也不配担任部门的负责人。我认为，这种事已经发生了，这就是造成最近松下电器出现产品质量问题的主要原因之一。

你们这些事业部长中，有些大事业部的部长基本上就相当于大公司的社长了，我知道你们这些大社长们工作都很忙，但我还是希望你们能腾出手来，从今天开始自己亲自参与采购订货工作，一定要用自己的眼睛去看，用身体去感受，选择那些值得信赖的人做生意上的合作伙伴。我想请你们以身作则，亲自指导部下，决不能再不管不顾地放任部下去操作了。

编者语

这一时期，通过对销售制度的大幅改革，松下电器的商品采购面貌发生了翻天覆地的变化。简单来说，从原来的制造事业部→营业所→销售公司→零售店的采购销售途径，改革后变成了事业部→销售公司→零售店的管理体制。

原来从事"批发"的销售公司，一直以来都被称为"单纯的配给所"，营业所给什么货就进什么货是常事。改革后，由于可以与事业部直接进行交易了，它才开始有了选择进货的权力。

开始改革后，销售公司的经营者陆续访问集团总公司的事业部，与事业部洽谈采购订货事宜。每当松下幸之助巧遇他们时，都会表达谢意。松下还说过，这才是做生意的正常方式，看不到这种状况，你们说得再好听我也不信。

51 让位

心里没底，对自己不自信就应该让位。

作为公司的主要经营者之一，我时常扪心自问是否适合担任这个职务。对于这次自己主动代理营业本部长和暂时负责销售工作的人事安排，今天来之前，我还特意对自己审视了一番，检查一下自己是否真的适合这项工作。说句实话，如果能找到更合适的人选替代我的话，我当然觉得没有再出山的必要。但是，考虑到目前对于松下电器来说，改善销售是当务之急、重中之重的工作，如果我是合适的人选，我岂能临阵脱逃呢？当然，我也仔细想了又想，觉得自己完全有能力胜任这项艰巨工作。既然如此，我决心顶住社会上的压力和世俗批评的目光，做好自己该做的事情。

在工作中，经常检讨和审视自己十分重要。我希望大家也能利用这次机会，好好地检讨和审视一下自己是否适合做这个事业部长。对自己有信心的人，就应该放心大胆地去做，而那些对自己信心不足的人，可以找我商量你的下一步工作或去向。你可以告诉我对自己哪一方面感到不安，我也许能帮你消除不安的情绪。或许我会告诉你："你能发现自己在这些方面有不安很好，这件事本身对你来说非常重要，所以，你要把这种不安牢牢记在心里。只要你能多倾听旁人的意见，并愿意按照他们的建议去做，这种不安就会自动消除，同样的错误也不会再犯第二次。这样做的话，至少你能勉强继续做下去。"如果你全都心存不安或缺乏自信，你就应该寻找合适的人替代你，应该主动让位。我认为，对你来说，这才是明智而正确的举动。

今天，我们正面临着不得不出手的紧迫状态，形势每分每秒在变动，社会每时每刻在变化，改革势在必行。

52　清扫厕所

让我们自己清扫厕所吧！

有些事，认为自己应该做的时候就要做好。这是我经常告诫自己的一句话。不要顾及社会上的讥讽与嘲笑，不要受公司内部各种歪风邪气的影响，做你认为自己该做的事。对我来说，如果是我认定的事，哪怕是清扫厕所我也照干无误。如果没有人清扫厕所的话，就算我是公司的社长或会长，我也认为自己有义务打扫客人使用过的厕所。这么做理所当然。

即便有人看到后议论，我也不会把它放在心上，我仍然会"我行我素"。如果有人议论说："让社长干这活儿，太惨了点吧。社长您不用干，我来替您干吧！"我倒是希望说完这话的人，真能拿起扫把立即开始清扫厕所。虽然这只是个极端的例子，但这件事的确在我身上发生过。

那还是四十多年前的事，当时的工人被称为职工。那时，厂里有七八十名职工在工作。平时，我不怎么去工厂，主要是因为我负责销售，工厂另有负责人。虽然不是每天都去工厂，但至少三四天会去一次。

有一次去工厂，我突发了想去看看厕所的念头，一看里面果然如我所料，很脏。那个时代的厕所不像现在这样使用冲水马桶，全都是靠自然排放，便后也不用冲洗，能直接观望到大小便。当然，那个时代的厕所都是这般模样，我们不可能用现代人的标准去衡量它，但我发现那个蹲坑的踏板实在太脏了，应该是谁在便后弄脏了没有及时清理干净。虽说这是在厂区里面，外人看不到，但我也觉得厕所这么脏乱是不应该的。于是，我就起了"要不我来打扫"的念头，于是就拿来水桶，开始用力冲洗厕所的踏板。终于，他们好像看不下去了，有两三个职工跑了过来，那时还不叫公司，因为我是松下电器制作所的所长，他们就对我喊道："所长，我来干吧！"在他们的帮助下，厕所被打扫干净了。从那之后，即使我不去做，大家都会自觉地清扫厕所了。

我认为，大家用的厕所由大家出力打扫干净，对所有的人来说都应该是一件高兴的事。开始时，没有一个人去做，脏兮兮的没人管，只是因为我偶然起了念头。虽然它不是我一个人使用的，但它是松下电器所有人使用的，不能任由它再那样脏下去了。所以我做了自己该做的事，后来厕所也就变得干净起来了。事实证明，就是这样一件小事，也能使得你周围的人们精神振奋。

53　经营力

组织本身不会自己运营。

让组织飞速运转起来至关重要，但组织机构本身不会自己运作，只有依靠优秀的运营管理力或者说经营管理力才能让组织机构有效地运转起来，才能让组织起到应尽的效用。

即便拥有一个模范的组织管理机构的框架，如果没有一个相匹配的运营管理力做后盾，这个组织机构也运营不好，当然也起不到应尽的作用，更产生不了积极的效应。因此，我认为，搞好组织机构的运营管理是一件非常重要和棘手的工作。

随着企业规模的扩大，组织机构也需要做相应的调整。如果运作这种更大规模的组织机构的运营管理能力没有及时跟上或者仍然停留在原有水平上的话，那么组织规模再怎么扩大也起不到任何有效作用。最终，我们会因为组织机构的不作为而导致经营失败。

编者语

松下幸之助在这里谈到的重视"运营力"和"经营力"的想法，不仅仅局限于组织机构的运营上，还在眼下普遍使用的信息处理系统上发挥过重要的作用。

松下幸之助亲自参与了撤掉各营业所配备的计算机的工作。促使松下下定撤机决心的不仅仅是要削减与商品价格有直接关联的各项经营成本，还有更深层次的原因。通过对各营业所的调查，了解到只有一家营业所没有使用计算机，而它的经营业绩最好，其他的都不太好。另外，对于那次的调查结果，松下在其著作《发现经营诀窍值黄金百万两》中有过详细的叙述。

当时，使用计算机可以把当天的营业额在第二天一早就统计出来，并且，数字十分精准。于是，松下就问道："使用这些计算机的日常开销是多少？"相关人员答道："每月使用费大约需要三百六十万日元。"松下接着说道："这也太浪费了！""当然，方便是真方便，昨天的营业额今天一早就打出来，如果利用这些数据再做点什么，它还算是增值的，能有所作为。但事实上，只是利用计算机收集了相关的数据，其他的不是什么也没做吗？我们自己的生意根本不需要这样做，每五日上报一次就完全够用。我们每天都重复着相同的工作，一天能出多少货，仅凭自己的直觉就应该知晓了，我们必须具备这种经营直觉。"就这样，松下让他们撤掉了计算机。

甚至在公司内部的重要会议上，对于当时最先进的商务工具——电子计算机，松下曾这样评论过："用不好，它就是毒药。"如果不能熟练使用它的话，它根本起不到任何作用，反而会成为你的负担。毋庸置疑，松下幸之助之所以能充分发挥这种经营直觉与他具备的"经营力"息息相关。

顺便提一句，在这个时期，松下幸之助每天都关注由现场呈上来的"工作报告"。对此，他还亲自做出批示："如果没有这份报告明天公司就会倒闭，你们就放在我的桌子上；如果没有这份报告一年之后公司才会倒闭，你们就不要拿过来了。"从那以后，每天一百多份以上的请示报告书一下子就锐减到十几份。

54　渴望人才

　　渴望人才，不见得一定能得到，需要靠运气来安排。

　　实际上，真正的人才并没有你想象的那么多。渴望人才，并不见得一定能得到。

　　如果你肯坚持用一些能力稍差的人为你工作，人们就会称赞你会用人。事实上，只要我们能耐心地用下去的话，我觉得没有谁是不堪重任的人。

　　迄今为止，我也常在用人这件事上生气或发怒，每次都觉得很累，但还是忍不住，该发怒时还是发怒，该生气时还是生气。每次过后，心里都后悔，常想，"如果当时不发火该多好呀"！（笑声）这种情况经常发生。

　　所以，一个人身旁能否有优秀的人才聚集，取决于那个人的声望与魅力，但最终还是要看他的运气。如果能这么想的话，就会放心大胆地用人了。

　　迄今为止，我用过许多人，报纸上也常夸我会用人，说实在的，连我自己都不清楚我到底会不会用人。但是，我身旁的确聚集了许多优秀人才，我觉得这或许是命运吧，正因为是命中注定，我也就放心大胆使用人才了。（笑声）我偶尔也会这么想，否则，我也不知道该如何去解释。这就是事实。

"你该这样做！"每件事都手把手地教，这是常见的培养人才方式，我也觉得很不错，除此以外的我也不懂了。因此，应该讲明白的尽力讲，应该教会对方的就全力教。但教不了时，我只能让他们"尽人事而听天命了"。现实中，我就是这样操作的，我会把这句话明明白白地告诉他们，再以后的事只能让他们好自为之了。

另外，有些人看上去是在诚心诚意地帮你做事，同时，也总有人做事出纰漏带来小麻烦。我不知道问题到底出在哪儿，也许是平常过于亲切和蔼了吧？我真不知道该如何应付这种人，这真的让人很头痛。

很多时候，我真的一点招都没有，只能按常理出牌，该说的就说，该斥责的就斥责，该夸的就夸。一旦超出一般情况的范围了，我只能放手，有时也会本着责任不在我，自己的事自己负责的态度来处理。当然，我也不总是这样，因为还没有形成一整套自己的人才管理方法，只能说我还处在摸索的阶段。也许有人会说，你这人真不靠谱，手下都有四万多人了，怎么还做这些不让人省心的事。其实，我真的说不好，因为管理人的问题实在是太复杂了。

编者语

有个小故事。某一个刚刚成立不久的新部门负责人告诉松下幸之助，说自己的部门尽管从其他部门抽调了许多员工得到了补充，但各部门派来的基本上都是能力和资质有限的人，让他左右为难。

听到这话，松下幸之助脸色顿时大变，他大声怒斥道："松下电器里没有一名能力差的员工，我也从来没招聘过一名能力差的员工，你这么想本身就有问题。如果你真这么想的话，你的工作根本就干不好。即便有些人能力差一点，对你来说最重要的是想方设法最大限度地发挥出他们的能量。"

松下幸之助常用自己的人才观教育下属，他说过人才好比钻石的原石，"只有磨了之后才会发亮"。因此，对于那些被认为多少有些问题的人或者看上去能力稍显不足的人，作为他们的上司，必须认定他们也蕴藏着优秀才能亟待开发，去关注他们的长处，像研磨钻石那样，耐心地摩擦，让他们尽可能地发挥出自己的优势。正是抱着这种育人的信念，松下幸之助才不由得大声痛斥了那位下属。

55　自主经营

与缺乏自主性的人不可能共存共荣。

松下电器希望与所有的合作伙伴都能共存共荣，但与缺乏自主性的人不可能共存共荣。与那些有自主性的人合作，彼此都会获益，但与那些缺乏自主性的人合作，就如同把松下电器的利益白白送给他们一样。

今天，在这种大众场合讲这番话，过后肯定会受到谴责，但此时此刻我真的憋不住了，就是想把心里话明明白白地讲出来。

自主经营不是可以从对方那里获得的，是要靠自己争取的。我认为，有了自主经营的能力，才能在经营中更好地借助对方的力量，才能真正建立双赢的共存共荣关系。

56 自信与谦虚

自信必须建立在谦虚的基础上。

大家在各自的工作中，要对自己有信心，这一点尤为重要。但我觉得，如果对任何事情都毫无理由地过于自信，也是不理想的。首先，失去谦虚的自信，不是真正意义上的自信；其次，只有建立在谦虚心态基础上的自信，才能培养出良好的信念，最终引导你们走向成功。今天，我们看到的许多失败的事例，往往都是因为他们不够谦虚，深深陷入固执己见和毫不谦虚的怪圈而不能自拔。

我觉得，职位越高的人越要提高警惕。因为，对普通员工来说，前辈和上司都会教导他"你的想法错了，那样做肯定不行"，会帮助他改正错误。可是，当你成为科长或部长后，就不会再有人轻易地提醒你了，届时只能靠你去告诫自己了。也就是说，你要经常自问自答看看是否保持着谦虚谨慎的态度，只有在此基础上建立的自信才是难能可贵的。

保持谦虚的自信，你才会明白自己的部下原来比自己还强，因为你认为部下不如自己时，你就还不具备这种谦虚的精神。当然，并不是说所有的部下都比自己强，其中也有不如自己的人，但如果你能带着谦虚的心态去观察那些不如自己的人时，你会慢慢地发现其实那些人也有许多优点值得学习。一旦你真正明白了部下也很了不起时，你才会心甘情愿地接受他们为你提出的合理方案与建言。换句话说，你就应该可以迅速做出决策。所以工作的推进就会像流动的水那样顺畅无比。否则，你总是会对部下提出的合理方案与建言，抱着怀疑的态度去刨根问底，延误了你做出判断的好时机。

我再次重申，对自己有信心是好事，但这种自信必须是建立在谦虚的基础上。

57　共存共荣

进一步深入了解共存共荣的精神。

前几天，我让他们把挂在各工作场合的我的和社长的肖像一同取了下来。这些年，我一直不反对挂我的照片，是因为我开始创业时，与大家同吃同住同劳动，从早到晚面对面，边说话，边工作。后来，随着公司规模逐步扩大，在各地建了许多新工厂，工厂太分散了，我不方便常去，但心里一直想着与大家一起工作。我想，既然自己的身体去不了，就让我的照片与大家一起工作也行，所以就同意挂我的肖像了。但在不知不觉中，这种想法消失了。就我的用意而言，我是想提醒自己不能忘记和大家共同工作的事情，现在却变成了因为是公司的创始人，因为是公司的现任社长，就应该挂上他们的肖像。这种简单看问题的想法与我的初衷渐行渐远，我觉得是时候取下照片了。这是一层意思，另外一层意思与当下的局势有关。对我们来说，当前最重要的是加强经销商和代理店的实力，确保他们长期稳定的经济利益。为此，我们需要让"共存共荣"的精神深入每一位员工的心坎里，让所有的员工都清楚地知道，我们需要重视采购商，尊重代理店，必须与各方面团结一致共同工作，这样才能保证我们的稳定发展，才能有光明的未来。如果我们连这些基本的工作都做不好，无论罗列出再多的华丽辞藻也无济于事。因此，我就想等到"共存共荣"结出硕果之前，暂时先取下照片。

松下电器今后谋求与全社会共存共荣，谋求与经销商和代理店共存共荣，谋求与售卖店、需求者、进货方共存共荣。为了取得共存共荣的硕果，我希望今年以这些基本的工作为中心开展各项经营活动，为此，我才决定取下长期悬挂的肖像，换上"共存共荣"的条幅。

58　直言不讳

在尊重对方的基础上，满怀诚意地讲出该讲的话。缺乏这种热忱，公司将危在旦夕。

前天，我在全国经销商大会上向各位与会者讲过，我说你们"太老实了"。为什么说你们老实？是因为你们毫无怨言地全部接受了松下电器制定的各项方案。看上去很不错，你们完全支持松下电器的决定，对我方来说，这是件难得的好事，但实际上，你们这样做十分危险。

你们都是独立自主的经营体，经营着各自的销售公司。在我们之间的生意中，我知道松下电器考虑问题并不十分周全，也不见得总是对的，至少会有十之二三不合你们的心意，但你们还不得不违心地做。我猜想：你们对松下电器的做法会心存异议，心中会想他们这样做是有点过分，但既然松下电器都这么说了，无奈自己只能照做。反正多说无益，说多了还会惹他们不高兴。最终，全都一股脑儿地接受了。我说的是事实吧！你们这样做太不应该了。你们都有各自的立场，需要对自己的经营负全责，完全可以按照自己的经营观来批评、要求或指正松下电器的无理做法，我不希望你们失去自己的独立立场和对等态度。假设，今天你们经销商出现了经营不顺或不好的势头，我想原因就应该全部在此。如果真的发展到这一步，我只能说怪你们自己做事不像话。

对公司员工，我也有同样的要求。每一位员工讲话时，都应该避免使用不礼貌的言语，不采用容易伤感情的交谈方式。在充分尊重对方的基础上，满怀诚意地讲出你该讲的话。缺乏这种热忱，我们松下电器也将危在旦夕。

我最讨厌那种事事只会对上司唯唯诺诺，只讲"对，是的"的人。其实，上司也是人不是神，他既有优点，也会有不少缺点，虽说他经验丰富，但他那点经验有些可能已过时了。此时此刻，有像你们这样有知识的年轻血液加入，就需要你们能不失礼貌，在充分尊重对方的基础上满怀诚意地讲出你们的想法，如"这样改进怎么样""我想这样做可能会更好"。我觉得，你们很有必要这样做。我始终认为，能够坚持这样做事的公司，能够畅所欲言的公司，才是一家能日日创新的公司，一家永远朝气蓬勃的公司。

只有我们之间真正形成了相互不失礼貌，能畅所欲言地交换意见的氛围时，我们公司才能充满希望，才能朝气蓬勃地发展。

编者语

直言不讳——在不失礼貌的基础上，满怀诚意，这才是松下幸之助渴望见到的那种充满激情的职场，松下把它称为"对立与和谐"的人际关系。原本这句话是用来形容公司与工会之间的劳资关系很和谐的，慢慢地它也成了形容公司与客户的关系和公司与社会的关系的一句通用语，逐渐地在松下电器内流行开来。

从积极的层面上讲，这种既对立又调和的交往会让双方时刻保持着紧张的关系，而这种紧张关系又对各方都有益处，它不仅能让双方避免在工作上少犯错误，而且能互相督促共同提高，是双方在事业上取得共赢的基础。这种既对立又调和的交际法则，也只有像松下幸之助这样拥有丰富人生经验的人才能独享。反之，如果只考虑建立那种不要对立的所谓一团和气的职场关系，等待你们的只会是现场工作停滞，经营不善的败局。

59　持续经营之道

　　不了解销售商店店员们的辛苦，就不会真正掌握持续经营之道。

　　最近，我听说了某区域销售部门的一些事，我很震惊。他们对待公司在该地区的重要客户——某销售公司社长的态度，就像日本古代地方行政长官对待辖区内的豪农的态度一样，高高在上，一种不放在眼里的傲慢态度。有人向我控诉道："太遗憾了！我真的万般无奈，在与松下电器分道扬镳之前，我只能一忍再忍。"

　　我做梦也没想到会让他如此伤心，觉得非常对不起他，请他接受我的赔礼道歉，放下不愉快的心情。我只能安慰他说："请与我们松下电器携手，建立更加紧密的合作关系！"听了我的赔礼，他说："明白了，你的话让我的心敞亮多了。"

　　我觉得，这些人应该是无心办了坏事，至少他们的出发点是善意而非恶意的。我认为，他们是过分地高看了松下电器，过分地高估了自己，自然而然地就变得盛气凌人、高傲自大了。

这样下去可不行！不言而喻，虽然松下电器今天做大了，但并不是靠自己的力量做大的，是得到了广大民众的支持，是承蒙众多经销商努力为我们销售产品，才取得了如此巨大的成就。

在此，我想问问，你们到底知不知道那些一直喜欢和支持松下事业的销售商的店员们的工作和生活状况？如果不知道，我可以告诉你们，现在，虽然他们不用再穿那种粗布披肩外衣（古时日本小商贩身穿的印有店名的简陋工作服。——译者注）了，但他们仍然腰间别着那把钳子，也就是说，他们依然还是街道上的电器商店，这些人才是我们最重要的生意伙伴。正是他们的支持，才有了今天的松下电器。你们千万不要看不起他们。

这些人一大早就开门营业，一直到晚上十点都要照看店铺，每天拼命向顾客销售松下电器的产品。他们一天需要干十几个小时的工作，也许有人要质疑，工作时间为什么会这么长？但今天的小商店都是这种经营状态，如果不这么做，日本的零售商就生存不下去。也许将来会有所改善，但目前就是如此。

各位下班离开公司去心斋桥或者其他娱乐城时，街道两旁的小商店都在忙着做生意，电器商店也在开门营业，你们想买什么都能买到。假如你听到"已经四点半了不卖了"的话，你一定会感到很不方便。其实，他们是用自己的血汗销售着商品，给我们松下人提供了工作机会，就算是部长、科长，都是靠他们才有了工作可做。

我们这些人基本上都是按时上下班的，除此之外，还有幸获得了许多休闲及学习的时间，所有这些都是托了这些人超时间超负荷工作的福才得到的。

想想看，松下电器之所以有了今天，获得了发展，离不开他们的努力，得益于他们这样的工作姿态。今天，我们可以坐在会长办公室、社长办公室、部长办公室里工作，但我们的心里永远不能忘记他们。忘记了他们的辛劳，理所当然地会受到社会的谴责："松下电器官僚了！公司大了之后，人也变得骄傲自大了！"

如果不了解销售商店店员们的辛苦，就不会真正掌握持续经营之道，等待我们的必然是生产停滞与经营危机。当然，我们是可以坐在部长办公室里办公，也可以坐在会长办公室里办公，但我们始终都要怀有一颗了解他们的心。

编者语

松下幸之助在《领导人的条件》中，详细描述了"人情的微妙"。

"人心是很难用道理参透的，理论上认为是好的或是符合期待的东西，人心却往往背道而驰。一方面，参透人心十分麻烦，另一方面，它有一定的方向性和规律性可循。了解了这种规律，就有可能掌握人情的可变性。""若想参透人情的微妙，就一定要积累各种切身体验，与更多的人接触与交往。从这种意义上讲，领导人应该尽可能地拥有更多的社会实践经验。并且，在此基础上，以素直的态度去观察人，去了解人心的动向，这样做尤为重要。"

组织越庞大，制度越成熟，越容易官僚化，上层越容易看不起下层，对待客户甚至会表现出傲慢态度，对他人的同情心也会在不知不觉中消磨殆尽。松下幸之助充分认识到松下电器内部官僚化的严重性，因此，他才不得不向广大员工强烈呼吁培养和重视持续经营之道的重要性。

60 服务

一切先从服务做起。

小时候师父常跟我念叨，生意人就要学会"先赔本后赚钱"。虽然这种说法有点老套了，但即使是今天，那些只想赚钱而不想先赔后赚的生意人，事业照样不会成功。这种简单的道理不仅适用于商人做买卖，也适用于每个普通人的社会生活。换成今天的话来说，就是一切先从服务做起，只有用户得到了你的优质服务，他们才能认可你的产品。以前，在我们那个年代根本不讲究什么服务。

今天，我们的服务能不能做到位，决定了顾客对我们是不是真的满意。只有让顾客满意了，他们才能支持我们松下电器，我们公司才能得以繁荣昌盛。这里面的关系环环相扣。

因此，我们松下电器的所有员工都不能缺少这种服务至上的精神，要真心实意地为朋友服务，为公司服务，为顾客服务，为社会服务，一切工作都必须先从服务做起。

对你们来说，最直接的服务对象是公司。但你们中间到底有多少人能真正懂得为公司服务的重要性呢？也许有人会想，那些公司天天都在剥削我们，能不给它们提供服务就不提供。我相信，你们大多数人的想法都不至于这么极端，更不会这样想，但会有极个别人有过这种错误的念头。这种想法非常荒唐！

当今，世界上有许多国家。虽然有许多国家，但是有些人郑重其事地在议会宣称应该对某个特定国家提供服务，从而获得对方的认可。这合理吗？

在国家内部，不把服务当回事儿就会成为落伍的国家。在完全落伍之前会逐渐失去人气而成为不受欢迎的国家。眼下就是这样的时代。我认为身处这一时代怀着全新的心态的各位如果忘记了近在咫尺的服务的话，就太荒唐了。

服务是多种多样的。有面带微笑的服务，有彬彬有礼的服务，也有通过准确无误的工作提供的服务。反正，多得不胜枚举。比如，见面打招呼，也是一种服务。如果在楼道里与客户见面连招呼都不打，这就是怠慢服务的行为。见到客户到访，低头行礼致意，这乃人之常情。动物当然不会这么做，对陌生人它恨不得扑上去咬一口。对来公司的人，不论是谁，与你有没有关系，碰面时都应该面带笑容，轻轻点头致意。这就是服务。

　　当然，如果你们觉得用"服务"这个词不合适，那就权当它是日常的礼仪吧。我们这里有没有连这种礼仪都不懂的人呢？如果有的话，我希望他们早点辞职回家。

61　热销产品

> 不应该一味地追求向市场上推出新产品。我们更需要向市场上推出真正的热销商品。

当前，在完善销售网络的同时，还有一个更大的难题需要立即着手解决。对于这件事，我曾多次提示过，就是我们缺少一些热销商品，这对制造商来说是致命伤。

虽然，社会发展日新月异，产品的更新换代有时往往跟不上人们渴望新产品的需求，但即便如此，我们也不应该一味地追求向市场推出新产品。推陈出新固然重要，但对于我们制造商来说，我们更需要向市场上推出真正的热销商品。去年一年，我们开发的热销商品比较少，我们都尽力了，但还是造不出来，这本身就是一个问题。

最近，我走访了各事业部，向大家拜托了开发热销商品的事宜，我想大家心里和我一样着急。有迹象表明，最近有两三个事业部有可能拿出热销商品。我想，到了金秋时节，我们公司的情况可以大为改观了。到那时，热销商品肯定会接踵而至，世人可以再次看到松下电器腾飞的雄姿。这次我下决心把销售公司与事业部的业务直接挂钩，就是为了唤起他们全力开发热销商品的热情所采取的一个重要措施。我希望你们之间能互相配合，共同圆满地完成开发任务。

我听说，松下电子工业公司（一九五二年创立，二〇〇一年与松下电器公司合并）最近大为改观，公司内不要墨守成规，希望有所作为的呼吁改革的士气非常高涨。我听了这一段时间发生的变化，心里非常高兴。在不知不觉中，也许是听到了我的呼声，响应了我的召唤，公司内形成了一股抢占行业领先地位的高涨气势，对此我十分欣慰。

我相信，只要我们能以松下电子工业公司为核心，各事业部大胆地使用该公司生产的零部件，就一定能生产出更多的热销商品。那样的话，就会进一步促进产品的出口，我们松下电器的前途也将一片光明。

62　率先垂范

　　就算坐在办公室里指挥，经营活动领导的率先垂范的
魄力和心地一点也不能改变。

　　人们经常议论说，领导凡事都要率先垂范。上级自己
不动手，光靠嘴巴指挥，下级未必会真心臣服。领导必须
率先垂范。事不分大小，成员不管多少，领导都要身体力
行，哪怕你只领导三个人，你也是三个人的领头人，必须
投入工作，带领其他人跟着自己一起干。

　　但是，随着企业规模不断扩大，形式上你已经不可能
再做到凡事都以身作则了，员工人数越多，你就越没有机
会直接带领他们冲在第一线了。但是，我认为，无论你将
来领导多少名部下，就算是坐在办公室里指挥经营，内心
深处也要经常保持着像当年领导三人工作时那种心态，即
万事身先士卒，事事以身作则，抢先干，带领其他人跟着
自己一起干的气魄，永远不能丢掉。

　　在办公桌上制定计划，指挥经营活动的工作也是很必

要、很不错的。然而，那种满怀热情的魄力，也就是自己领导三个人时那种冲在最前面工作，成为标杆的率先垂范的心气，是就算成为一万甚至两万人的领导时都不能丢掉的。虽然形式改变了，但内心深处的魄力不能有丝毫改变。否则，你根本就不能给更多人带去稳定的工作和安定的生活了。

编者语

　　率先垂范的魄力是什么？松下幸之助在自著《经营心得集》中有这样一段话。

　　　如果是团队人数少的领导，他可以率先垂范，然后，直接指挥下级"这样做或那样做"。一般来说，效果都不错。但如果换成领导数百人或数千人时，这种领导方式未必可行。此时，你不可能在形式上再表现出率先垂范的姿态了，但你要保持"请这么做或请那么做"的心情。如果将来你成为指挥一万人或两万人的领导，那时只靠内心在想"请这么做或请那么做"的话，就远远不够了。那时，你的心底里一定要有一种"拜托你们或恳求你们"的心情。

只有真正经历过从经营街道小厂到大企业的松下幸之助，才有机会真正感受这种心情吧?

63 相互惦念

上下级之间需要相互"惦念"。

例如，"他该到家了吧？"晚上，由于放心不下部下，就会给他打电话："喂，今天一天你辛苦了！怎么样，有收获吧？""领导，您放心，事情办得很顺利。""那太好了！"对你们来说，与下属之间有意识地开展这种对话交流，有非常重大的意义。如果有人敢说我从来没做过，我相信他是在说谎。

今天，你让下属去办一件非常棘手的事，回来后他既不汇报，你也不问结果，就让一天白白过去了。我认为这样的人不配当领导。

"喂，你今天去了吧，还顺利吗？""嗯，事情办得很顺利。""那太好了！辛苦你了！"有时不用你打电话，下属也会主动向你汇报结果："今天我去了。情况是这样的……效果很好。"

关键要看你们与下属之间能否经常开展这样的交流。

如果你们能坚持，就不会再把工作中的辛苦当成痛苦，因为彼此间的慰问，不仅有利于上下级之间统一意见和想法，更能有效地促进工作顺利展开。因此，你们绝不可以轻视这种看似轻描淡写的琐事，对领导人来说，这项工作既充满乐趣又意义重大，从中你们不仅会获益匪浅，而且还会体会到工作的快乐。

64　肝胆相照

在"有呼必应"之中收获智慧。

　　这是很久以前我与冈田干电池公司做生意时发生的故事。那时，冈田公司一手承包了松下电器所有干电池的生产，换句话说，是松下电器把干电池的所有生产订单都交给了冈田公司去做。因此，松下电器的成功与否直接影响到冈田公司的兴衰，双方结成了肝胆相照的关系。

　　记得有一年，梅雨季持续了一个月，干电池卖不动，主要是因为骑自行车外出办事的人少了，减少了给自行车换电池的次数。那时，冈田公司的老板工作太忙，就把电池的生意交给妻子打理了，因此，是他老婆给我打的电话，她说："松下先生，现在已经连续下了十天雨了，电池肯定不好卖吧？我了解你们的情况，不要担心，你们该怎么做就怎么做，我已经做好了心理准备，在这种梅雨季节，会尽量少生产点，电池放久了也会衰老的，电池是活的，也有生命力。"那个时节，大约每隔三天就打电话鼓励我一次，并且总是说自己这边没事，不用替他们担心的话。

对我来说，她的话让我感慨万分，她竟能把人生看得如此透彻，能为我想得那么多，太让我高兴了，同时也暂时让我忘去了生意上的苦闷。试想，如果知道还有人在心里经常挂念你，体谅你的苦恼与辛酸，无论换作什么人都会心存感激吧。我们这种关系持续了好些年。

经历过这样艰苦的日子，从那以后，我们的事业蒸蒸日上，每个月能卖出几十万块干电池，冈田公司也惊叹不已。我们之间建立的这种肝胆相照的关系，促进了双方的发展。我希望，你们也能与自己的部下，当然与全体部下建立这种关系可能有些困难，至少你们要尽自己所能与他们开展类似的对话交流。通过互相安慰，我认为一定会收获意想不到的智慧。

纵观历史，一位成功人士的背后肯定会有许多优秀部下在辅佐。下级理解上级的辛苦，而上级因有部下的理解而深感欣慰，彼此信赖，两人同心同德共同为国家做出贡献。历史上有过许多类似的故事在传颂。

今天，我们也面临着相同的状况。随着地位不断提高，大家都会渐渐变得孤独起来。以前是同事，后来其中一位升职了，他们之间迄今为止的同事友情也就消失了。这是不争的事实，也是事物客观发展的规律。但当你产生孤独感时，如果身旁有几名知心部下，在他们的安慰下，你会重新鼓起勇气履行好领导的职责。我觉得，这就是领导必须经历的成长吧。

什么事都一人扛，再强大的人也做不到。他们也需要别人的理解，需要有人对自己说一声"你辛苦了"。所以，当你的部下在工作中做出成绩时，作为领导的你至少也要大声地表扬他们一句，"你辛苦了"。当然，下级看到自己的上级操劳时，也应该对他们大声说："领导，您辛苦了，继续加油！我们会跟着您一起努力的。"我认为，只有能相互讲出这种充满爱意语言的公司，才是十全十美的公司，工作效率才会越来越高。

65 察觉时机

如果没有涌现出赌上身家性命的浓厚兴趣，或许就无法察觉时机。

没有谁规定产品一定要一年降一次价，也没有谁知道什么时候该降价不该降价。但是，有些商品会随着市场行情变化，价格出现波动。所以，对我们来说，重要的是要事前察觉商品降价的时机，并在此之前做好降价的一切准备工作，等待降价期限的来临。如果侥幸不降价，那么利润就会大幅增加，但最好也能事前为其做好筹划工作，不失时机尤为重要。

即便是同一行业，有的公司虽然产品卖得很便宜，但获得的利润却很高，有的公司虽然卖得比较贵，但利润却很少。我认为，关键取决于经营者的实力。

另外，这个问题也需要综合考虑，还要看全体员工是否认真贯彻执行了公司的方针，公司培养的技术力量够不够用等。一旦经营者发现了上述问题，就必须尽快地提出来，是技术方面的问题就要及时提醒负责技术的人，是财务方面的问题就要及时提醒负责财会的人，是广告宣传方面的问题就要及时提醒负责广宣部门的人，共同找出解决的办法。看到问题不闻不问，漠然处之，解决办法是不会自然而然产生的。只有我们不断地提出诉求，提出希望，才能共同找出解决问题的办法。

对于商品何时该降价的问题，经营者应该紧紧盯住本行业此类商品的行情变化，掌握这种商品明年此时可能降价几成的信息。如果做不到这些，你就不是一位称职的经营者。此外，即使掌握住了信息，但制定不出具体的实施办法，也不算称职。严格意义上讲，我也不能算是个合格的经营者。

一看到别家降价，自己就慌慌张张地跟着降价，这种公司即便不倒闭破产，也没有多大的发展前途。反之，那些蒸蒸日上、蓬勃发展的公司总是能率先降价，并且，即便率先降价也能确保相当丰厚的利润。他们对自己的产品很自信，有些时候，他们会表明自己对降价的态度，"这种商品，不管别人怎么降价，我们家也不用降，肯定还能出货。我们不降价还能达到稳定业态的效果。"通过长年的努力，他们积蓄了足够的实力，即便自家产品比别家产品价格上高五分钱，但因为自家产品质量得到了市场的认可，所以完全没必要再降价销售。反而，他们认识到，为了稳定全行业的经营状态以及谋求全行业的共存共荣，自己应该主动承受这种价格上的差距。我认为，这才是真正意义上的经营。我觉得，石田退三先生正是这样做的。我也是最近才有所耳闻，我十分佩服他。

能否察觉价格的变化，光靠头脑聪明是很难做到的。正如我经常对你们讲的那样，你必须把自己的兴趣全部投入这项工作当中。只有这样做了，你才会得到灵感，才有机会发现每一次良机。就拿广告来说，如果只看一个广告，无法判断优劣，同样，只看竞争对手的一个广告，当然不可能分辨出它的好坏，只有带着自己全部的兴致，不厌其烦地把自家的广告与对手的广告做对比，才不会漏看每一个细节。做不到这一点，那么作为企业的经营管理者，你还不称职。

66 亲身体验

只有亲口尝试过，才能知道糖是甜的，盐是咸的。

无论别人如何解释，只有亲自用舌头舔过，才知道糖是甜的。同样的道理，只有亲口尝过，才知道盐是咸的。缺乏类似的亲身体验，是无法做好生意的。

如果想让学到的知识在生意上真正发挥作用，就必须在实践中积累经验，这样才能掌握真正的经营之道。此外，如果想要生产出一件合格的商品，先要造出样品，后请人试用，在试用人提出批评意见的基础上修改后，再正式批量生产。仅凭书本上的理论和技术生产出的产品，交给外行人来体验使用，反馈的效果并不好。现实中，这种不成功的例子并不少见。

正因为如此，无论调查哪家企业，都有过把上市的商品召回的经历。而这些产品，在研究室里的设计是完美的，在车间里的生产是一流的，在商品检验所的检测是合格的，然后才拿到市场上进行销售。尽管如此，还不得不把它从市场上下架召回，这种情况很常见，我们公司有过，其他厂家也有过类似经历。

为什么会发生这种情况呢？产品通过了检测机构的检验，而且是专门请优秀的专家和技术人员设计的，照理说不应该出问题。但是，他们忽视了产品是给那些外行人使用的，这部分人不懂得技术，缺少专业知识，当然不会按规则使用，用法粗暴甚至是有破坏性的，而用法不当必然会引发故障。但对我们来说，不应该把用法不当引发的故障作为借口，我们应该事先充分做好应对措施，避免因用法不当而引发故障。我们做到了这一步，才能生产出一件合格的上市商品。当然，我知道你们已经注意到了这个问题，并做了许多准备，但我还是觉得你们想的和做的准备还差那么一点点。

不合格的产品必须召回或撤市，为此造成的损失是巨大的，今后我们还将无数次重复这种失误，即便我们是一家有着五十年历史的企业，这样的问题依然避免不了，仍将反复发生。

但是，为了少犯这种错误，在推出新产品前，我们应该把各个环节的工作做到精益求精。反复推敲，反复讨论，然后，把试生产的产品交给外行人试用，之后再开始批量生产，这应该是最理想的生产流程。但现实中，我们总是着急等不到这一步，经常是只在公司里试用一下后，就拿到市场上销售了。

对于这个问题我想了很久，无论是生产还是销售，全交给专业人士不合理，而没有的话更不行。我觉得，还是应该先让外行人试用，然后再由专业人士测试外行人试用后的产品，由于专业人士有了亲身体验，了解了产品的真实情况，也就能放心大胆地开始生产和销售了。

仅凭自身的体验，搞独断专行，很容易犯错误。每每想到这里，我都深深地感到，我们不仅是在经营上，在所有的方面还很不成熟。

67　敢讲真话

眼下，我认为没比直言不讳地讲出该讲的事更重要的了。

作为松下电器的首脑，必须做到该说的就说，必须坚持大胆讲真话的原则。你们现在身居重要的领导岗位，手下管辖着众多员工，每天都有许多话要对他们说，许多事情要吩咐他们去做。作为领导，你们必须做到该说的必须说，该吩咐的一定要吩咐到，现在没有比直言不讳更重要的了。

敢讲真话了，才能恢复本性。那些有依赖性的人才能真正懂得拥有独立自主精神的重要，才能找回自我。我认为，无论是国家的领导人还是企业的领导人，都应该勇敢地讲出真话。

此外，现在是非常时期，作为队长，你们有必要站在这支队伍的最前头，冲锋在前。假设现在不是非常时期，你们可以按常规办事，作为主帅留在后方指挥也未尝不可。但如今是非常时期，靠平常的领导方式，已经无法解决当前面临的难题了。所以，我要求你们，作为主帅是时候从后排换到前排，亲自带领团队向前发展了，这是时代对你们的要求。

我认为，身居不同领导岗位的你们更应该顺应时代的潮流，根据自身的情况，随时随地妥善处理好个人的进退去留问题，这才是在非常时期你们应尽的崇高义务。一个公司如果处理不好这等问题，就会直接影响到它的生存和发展。

当然，在非常时期，只考虑对体制进行改革还远远不够，还需要改革我们的思想和工作作风。我们绝不能再像以往那样，在决策上优柔寡断了，非常时期我们必行非常之事。这些都是目前我们必须认真思考的问题。

编者语

"热海会谈"后，松下幸之助不仅巡察了各营业所，还频繁通过电话与科长一级的管理人员保持了密切联系。以下是熟悉当时情况的部分公司员工留下的回忆。

在通话中，不管遇到什么问题，松下幸之助都要求接听者当场答复。问题主要涉及当前与过去的业绩、市场动态、竞争对手的动向等。如果接听者的回答不对，他就能马上发现问题，并会当场指出"你说得不对"。在这方面，他以身作则，做到了"该说的就说"，为下级起到了表率作用。今天，我们基本上是通过电子邮件确认每天的工作，并发布相关的指令，这种指令的传递很难让下属感受到以往的那种紧迫感吧。

　　此外，松下幸之助还指出："如果来电话，就用电话答复，如果是来信，就用书信回复，这是最基本的规矩，也是非常重要的礼仪。"因此，他要求公司的每一位员工都从这一步重新做起。

　　当然，不仅是在松下电器最困难的时期，在平时，"打电话"也是松下幸之助指导部下的重要途径之一。松下电器退休员工中回忆最多的事情是，在电话里听完了部下的各种汇报或予以指导后，他都会在最后不忘鼓励和安慰大家几句，常说的有："你们干得不错！那就拜托你们啦！""今年夏天很热，你们可要多注意身体呀！"另外，对从总公司的行政部门调任厂长的人，也许是因为担心，在他们刚到任时，松下先生都会早、中、晚频繁地打电话，经过一个星期、一个月后，就会逐渐减少通话的次数。

正因为有了这种深切关怀，企业的一线领导们才会在他的严厉鞭策和激励下茁壮成长起来。

68　广告宣传不设上限

企业不该人为地为自己设定上限。

现在，每月都发行松下电器发展史的编纂资料。希望大家抽时间看看，当然我也在看。读公司的发展史，让我回忆起许多往事，有些事依然历历在目。我记得，恰好在三十年前，我们制定了"经商三十条"。就算放到现在，有许多条款仍非常实用。例如，其中有一个广告宣传的条款写得很好，意思是：好产品需要宣传；越是好的产品越需要大力宣传；不能忽视对产品的宣传工作等。我希望你们每个人都能仔细地阅读几遍，用心体会一下现在这种精神在自己身上还保留着多少。反正，我觉得在我们身上所剩无几了。

今天，松下电器广告费用剧增，正在想方设法减少这一项目的开支。的确，有些广告看上去死气沉沉，让人不知所云，这种广告做不做意义都不大，还不如不做。我们不能为这种看上去毫无生气的广告多花一分钱。做这种无聊的广告，会被世人耻笑的。所以，我也赞成削减这种广告费用。

不该花的钱不花，这很容易理解。但该花的钱也一定要花，当我们推出某种需要争夺市场的产品时，或者这种产品有可能成为市场热销商品时，我们就一定要积极主动地做好广告宣传。我认为，这种广告宣传不仅有利于本公司，也有利于用户，更有利于整个社会。所以，这种钱要花，大把地花也在所不惜。

到底是少做广告宣传好，还是多做广告宣传好？我认为，少做也不能说不好，多做也不能说都好，关键要看经营重点放在哪里。要根据具体的经营内容和经营思想，灵活处理，迅速决策。做不到这一点，你就是一个抓不住经营重点的领导人，你的工作肯定也是失败的。

举一个例子，像冰箱这类高档商品，虽然价格较高，但每个家庭都需要，假设松下电器有计划把自己打造成冰箱生产的一流厂家，完全有能力生产出更多、质量更好的冰箱，并且也能做最优秀的广告宣传工作。但迄今为止，松下电器似乎从来没有过类似意图，给人的感觉是落入了冰箱的广告宣传做到了什么程度，能卖出相对应的数量的产品就知足的思维方式之中。欲望再强烈一些的话，日本的商品或许可以更好地走向国际，企业也可以获得划时代的飞速发展。

然而，也就在那个时候，公司已经为自己设定了上限，早早就规定了卖这么多，赚这么多，做何种程度的广告宣传……实际上，不仅我们一家是这样做的，大部分公司的情况都大同小异。现实中，这也是一种正确的经营观。其实，我刚刚谈到的看法只是我脑海里经常浮现出的一种理想。我希望，你们也能与我一样不断在自己心中勾画着某种蓝图，让我们为实现这种理想和蓝图，共同做一次勇敢的尝试吧！

为此，我建议，我们是不是应该对立体音响做一次勇敢的新尝试？不太懂音乐的人，恐怕绝不会为那种东西花十万日元，可是，有些人即使是借钱，也愿意花十万日元买它。反差之大，令人瞠目结舌。

我觉得，是时候停掉冰箱的宣传，专心去做立体音响的广告了，我们可以买下三个电视节目的广告时间段。一方面要抓紧时间提高产品的升级换代，加速产品的生产，另一方面要尽快完善销售网络。我认为，立体音响才是我们在市场中胜利的关键。

接下来，还有许多具体工作亟待我们去做，如投入一个百分点的广告费能卖出多少台立体音响，我们需要为此做出细致的调查和周密的计划。此外，这次我们彻底改造了销售网络，改得好不好还需要通过今后的工作去检验。虽然，在"热海会谈"后，我们彻底地改革了销售体系，但我并不认为改了就一定会成功，要想让改革后的销售网络变得更有成效，就需要我们把现在所说的这些想法都交给各事业部去具体落实。如果真能按照我说的去做，我想，仅凭我们松下电器一家就能单独买下所有电视节目上的广告时间了。只要我们能全部买断这些广告时间，产品就一定会热销。但现实问题是，我们根本无法做到全部买断，是因为这里早早就被人为地设定了上限，尽管如此，我仍希望你们带着这种美好愿望去做一次勇敢的尝试。

编者语

在这个演讲的十年前，某竞争对手开发出一款划时代的高性能商品，席卷了整个市场。为此，许多代理店和大批顾客的口味随之发生了变化，不仅是松下电器的产品，同行业其他公司生产的同型号商品都滞销了。

万不得已，只好下决心对过剩的库存商品折旧。为此，某部门负责人向松下幸之助汇报了这种想法，松下说道："那些是白给也没人要的商品吗？如果是白送有人要的商品，肯定会有办法卖出去的。你们先不要急，折旧随时都可以做嘛。"松下要求有关人员在销售上再下一番功夫。于是，相关负责人与员工们积极响应松下的要求，经过不懈的努力，终于找到了一条非常规的销售渠道，获得了新的大客户的大批量采购。

实践证明，越是工作不顺心，遭遇意料不到的问题时，越不能"人为地设定上限"，束缚住自己的手脚。

69　被逼"尿血"

如果没有操心费力到小便变红的程度，是经营不好企业的。

不久前，我曾向代理商们表示过，"你们不能过分地依赖松下电器，我们之间是不相上下，完全对等的关系。遇到困难时，你们首先应该考虑的是自救。你们要独立经营，我愿意在此基础上配合你们的工作。我的配合只限于'输血'，这样的合作才能双赢。如果你们一直认为自己力量弱小，希望依附于松下电器，并得到重点照顾，我可以明确地告诉你们，松下电器只能帮你一时，但解决不了你的根本问题。我尊重你们各自的独立性，希望你们能搞独立自主的经营"。

另外，曾经有一家代理公司的负责人对我说过："松下先生，我的企业从我父亲那辈就开始与松下电器合作做生意了，但最近一直不赚钱，我很困惑。所以，我想请松下电器帮我找出一个解决问题的好办法。"对此，我对他说："谢谢贵公司从你的上一辈就开始与我们做生意！今天你们不赚钱，我感到很抱歉。但作为生意人，迄今为止，你有过小便变红的经历吗？我做学徒时，师傅曾跟我说过，没有过一两次烦恼到小便变红的痛苦经历，你成不了真正的生意人。对我来说，也不知道这是福还是祸，至今为止，我从来也没为生意上的问题忧虑到小便变红的程度。今天，我忽然想起了年轻时师傅给我讲的这个故事。"听了我的故事，他说道："我没有这种痛苦经历。"我说："那不妨本着就算操心费力到小便变红的程度也努力坚持的心态如何？这样一来你或许就找到了出路。我相信，到那时你就会扭转与我们做了四十年的生意而如今却赚不到钱的不利局面。"

我当时以为那位企业领导人一定会认为我的话太刻薄了，会心存不满。据说，回到公司后，第二天一早，他就立即召集全体员工开大会，会上说："松下先生狠狠教训了我一通，为此我做了深刻反省，我的问题出在对工作缺乏热情。所以，从今天开始，我决定彻底改变经营方式，希望你们也能与我同甘苦，共患难。"此后，他利用闭店后夜间两个小时的闲暇，让店里那些做事细心的店员走访了一百五十多家老客户，指导他们改善了商品的陈列方式，整顿了店铺。

经过了半年时间，企业的经营状态彻底好转了，与他做生意的那一百五十多家店铺也进一步充满了经营活力，我们松下电器的商品在他们店的销售额也大幅增加。当听到他的现状时，我流下了激动的眼泪。当着众人面，我曾对他放过狠话，说过"因为你没操心费力到小便变红的程度，所以你的企业才做不好"！本以为会被他反骂一顿，没想到他竟听进了我的意见，进行了改革。说真的，我对他只有心存感激之念。

我坚信，人的一生中无论做任何工作，只要认真地用心去做了，就一定会结出丰硕成果。

编者语

一位松下电器退休老员工说，他听松下社长说过这样一句话，"你可以让部下绞尽脑汁，但不能让他们辛苦"。另一位退休老员工说，松下社长曾这样教诲过他，"担心部下就是要把心分给部下"。

对部下理当如此，但对自己，松下幸之助在《领导人的条件》一书中写道，"领导人身体可以休息，可以放松，但是心不能休息，更不能放松"。自己辛苦，关心他人，是领导分内的工作；让部下一边绞尽脑汁，一边享受工作的快乐，引导他们成长是领导的职责所在。如果企业领导不劳心费力到小便变红的地步，企业的经营就一定搞不好。

这里提到的"红色小便"一词，是一九六四年在"热海会谈"上，面对某销售公司社长的提问时，松下幸之助在回答中提及的。

附记

    本书按照时间顺序收录了松下幸之助的发言。PHP研究所作为本书的编者添加的"序"和"编者语"等内容，均以PHP出版的各种刊物，特别以《松下幸之助发言集》为中心，以PHP研讨会资料《松下幸之助经营资料集》为基础性资料。另外，编者还参考了松下电器（现为Panasonic）的公司内部资料以及对员工的采访记录。借此机会，谨向相关人士深表谢意。

译后感

　　最近，由我翻译的《感召力：松下幸之助谈未来领导力》一书中译本，由东方出版社出版发行。这是一本旨在帮助有理想有抱负的年轻人提高感召力，收获美好人生的心灵成长之书。

　　感召力亦称"领袖气质"，尤指那种神圣的、鼓舞人心的、能预见未来的、创造奇迹的天才气质。具有这种气质的人对别人具有吸引力并受到拥戴。松下幸之助正是这种具有感召力的魅力型领导人，就连被称为日本"经营四圣"之一的稻盛和夫也十分崇拜松下幸之助，尊称松下为"老师"。

　　《感召力：松下幸之助谈未来领导力》一书，汇集了松下关于学习方式、思维方式、干法和活法的独到见解，是松下哲学思想的精华，也是帮助年轻人茁壮成长的可贵经验。

本书可以说是《感召力：松下幸之助谈未来领导力》一书的姊妹篇，如果把《感召力：松下幸之助谈未来领导力》视为松下哲学思想中的"青春篇"，那么本书应该属于"企业篇"之一，是松下幸之助把自己毕生的企业经营经验之精华作为箴言，送给那些赞同松下经营观以及奋战在企业生产一线的领导们。

松下没上过学，9岁当学徒，23岁独立创业，在实践中逐渐养成向人学习的好习惯，秉持精进做事的踏实态度，成为一名精益求精的匠人；作为企业的经营者，他不讲谋略，靠一颗素直心，提出自来水哲学、社会公器论等经营理念，形成了一套独特的经营哲学和用人理念。同时，他更是一个勤学好问、靠实践积累成长的普通人，一身的知识全是靠他在实践中一点一滴打磨和积累的。松下幸之助一生中最钟爱的工作是能够创造出人生价值的企业生产一线的工作。所以，即使是后来从松下电器的社长转任了会长以及最高顾问，他仍然关心和关注企业的基层工作，在公司最危难时刻，他不顾个人荣辱，主动代理营业本部长，重返经营现场，起到了领导的表率作用，带领松下电器摆脱了发展停滞与经营衰退的危机。松下始终坚信，脱离基层，失去一线工作的感觉，就无法开发出令市场满意的新产品，无法制定出准确的产品交货期、合理的定价以及适当的产量。

本书以松下幸之助作为企业家的成长三部曲——加速成长期（40岁左右）、突破困局期（50岁出头）和消除危机期（70岁左右）为舞台，重点介绍了他从一位无知少年成长为一流企业领导人、著名企业家和世界瞩目的"经营之神"的三段艰辛成长史。我们可以看到人生三个重要时期——青年时期、壮年时期以及老年时期，一位优秀企业家所展现出的卓越领导才华。因此，无论是活跃在企业的年轻人、中年人以及老年人都能从中学到许多对自己有指导意义的人生观和有实际价值的企业经营管理知识及经验。

书中，松下幸之助的箴言朴实无华，绝无半点故弄玄虚之意，他送给年轻一代企业家的箴言是：应该学会随遇而安，避免好高骛远。他说："胸怀大志本身没有错，但因为心中有了远大的志向，只抬头眺望远方而置脚下每天的工作与生活于不顾，这就不对了。在现实生活中，有相当一部分人或许就是这种人，他们胸怀大志但事业不成功，而另一部分人虽然胸无大志，但依靠日积月累，最终获得了与胸怀大志一样的成功。"他送给那些遇到经营危机的企业领导人的箴言是："如果企业领导不操心费力到小便变红的地步，企业的经营就一定搞不好。"

我建议，那些在经营中遭遇困难的企业一线领导者，应该结合自身的实际情况阅读此书，只要能认真对比松下箴言查找问题根源，我相信，本书一定会给你带去意想不到的启迪，帮助你找寻解决问题的办法。

任世宁

2020 年 5 月 20 日